SV

Marion Poschmann
Chor der Erinnyen
Roman

Suhrkamp

Die Autorin dankt der VG WORT für ein Neustart-Stipendium.

 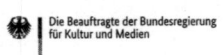

Erste Auflage 2023
Originalausgabe
© Suhrkamp Verlag AG, Berlin, 2023
Alle Rechte vorbehalten. Wir behalten uns auch
eine Nutzung des Werks für Text und Data Mining
im Sinne von § 44b UrhG vor.
In den *Chören* klingen mit: Zitate aus dem Tao Te King von Lao Tse
sowie dem Nō-Stück Momijigari (The Maple Viewing) von Kanze Kojirō
Nobomitsu in der Übersetzung von Meredith Weatherby.
Satz: Satz-Offizin Hümmer GmbH, Waldbüttelbrunn
Druck: GGP Media GmbH, Pößnek
Printed in Germany
ISBN 978-3-518-43141-2

www.suhrkamp.de

Chor der Erinnyen

Und darf nur heimlich lösen mein Haar,
Und lassen es flattern im Winde!
Annette von Droste-Hülshoff, Am Turme

Rabenbegabung

Meine Mutter fürchtet diese Fähigkeit, denn sie sieht die Verstorbenen. Bei mir ist es milder. Mir erscheinen lebende Personen. Sie flackern kurz auf, und ich weiß alles über sie. Wenn auch nur für den einen Moment, in dem wir verbunden sind. Oft geschieht es im Schlaf, wenn ein Traum seinem Ende zugeht und etwas enthüllt, was wahrer ist als der Rest und dessen Klarheit mich erschüttert zurücklässt. Plötzlich wieder allein, und doch nicht. Es bleibt das Gefühl einer Nähe, einer heimlichen Anwesenheit. Meist sind es Freundinnen, die mich heimsuchen, Freundinnen, die ich manchmal jahrelang nicht gesehen habe, die sich nie melden, aber nachts machen sie sich bemerkbar, drängen sich auf. Was soll ich mit ihnen? Im Alltag sind sie beschäftigt, kaum ansprechbar, und schon gar nicht von mir.

Mathilda ließ den Kugelschreiber sinken und starrte auf ihre geschwungene Handschrift. Die Arkaden und Girlanden wirkten breit und ein wenig behäbig, fast barock in ihrem raumgreifenden Überschwang, die Auf- und Abstriche dagegen zackig und konzentriert, mit dem Gleichmaß von Hammerschlägen, als nagele sie damit eine Reihe von Luftblasen am Boden fest.

Seit ihrer Jugend hatte sie kein Tagebuch mehr geführt. Es gab keinen Anlass zur Introspektion. Sie erinnerte sich noch gut an den Moment, in dem sie beschlossen hatte, nicht mehr jeder Laune nachzugehen, sondern ihre Energie in intellektuelle Arbeit zu stecken und ein normales, nützliches Leben zu führen. Es war der Nachmittag gewesen, an dem ihre Schulfreundin Birte sie zum ersten Mal versetzt hatte. Sie hatte ihre

9

Chinakladde geöffnet und das Datum eingetragen, dann stundenlang wie erstarrt vor dem linierten Papier gesessen und das Buch schließlich zugeschlagen. Bis heute.

In diesem Notizbuch, schwarz mit roten Ecken, waren etliche Seiten frei geblieben, genaugenommen die meisten. Womöglich hatte sie es nur deswegen über all die Jahre behalten, es sogar stets griffbereit in ihrer Schreibtischschublade aufbewahrt, weil sie ein kaum angebrochenes Heft nicht wegzuwerfen vermochte, vielmehr meinte es noch einmal für irgendeine Nebensächlichkeit benutzen zu können, und seien es Eintragungen zum Haushaltsbudget. Tankstellenrechnungen, Kilometergeld.

Jetzt verlor sie sich in den Kringeln und Wolken ihrer Sätze. Die schwarzen Tintenlinien schoben sich übereinander, ballten sich zusammen zu einem Gewölle, in dem sie für einen Moment die dunklen Locken ihrer Mutter erkannte, die Dauerwelle, die diese sich legen ließ und die sie noch immer regelmäßig färbte. Verschlungene Fäden, die sich immer mehr verwickelten, zu Wirbeln und Knoten, zu einer undurchdringlichen Dunkelheit. Dann verlagerte sich das Knäuel und wurde zu einem Druck im Bauchraum, wo sie es zuletzt als Kind gespürt hatte, wenn etwas Unangenehmes bevorstand.

Am Vormittag hatte sie Klausuren schreiben lassen und nach dem Unterricht noch mit der Arbeitsgemeinschaft Kammerorchester geprobt. Wie gewöhnlich ging sie zu Fuß nach Hause.

Die ersten Blätter bedeckten den Bürgersteig und verbreiteten ihren herbstlichen Duft. Mathildas Ledersohlen waren rutschig, sie trat vorsichtig auf das Laub. In ihrer Tasche zog merklich das zusätzliche Gewicht der Klausuren. Sie wechselte den Riemen auf die andere Schulter. Auf Dauer schlecht für den Rücken. Aber ein Minimum an Eleganz musste bleiben. Die jugendlichen Violinistinnen und die Cellistin, die Bratschistin und selbst der Bassist legten bei der wöchentlichen Probe so viel Wert auf ihren künstlerischen Habitus, dass sie selbst nicht mit einem allzu schnöden Auftreten, womöglich einem Wanderrucksack, ihre Illusionen zerstören wollte. Ihre Schützlinge trugen lange Gewänder und warfen leidenschaftlich das Haar zurück, während sie selbst versuchte, ihnen beizubringen, dass es für den großen Auftritt vor allem auf die musikalische Durchdringung des Stückes ankam, auf exakte Phrasierung, Atemführung, und beim Zusammenspiel als Erstes darauf, sich einzuschwingen auf die anderen.

Ihr Haus stand nicht allzu weit vom herrschaftlichen Altbau des Gymnasiums entfernt, in einem Nachbarviertel mit Häusern der Jahrhundertwende und altem Baumbestand. In dieser Umgebung fiel ihr Flachdachhaus aus dem Rahmen, kantig und kühl, in einem Garten mit lichten, niedrigen Gewächsen, Stauden, Bodendeckern, Pampasgras. Trotzdem lag das Grundstück meistens im Schatten, von allen Seiten ragten die knorrigen Äste der Nachbarbäume herein, und es gefiel ihr, sich von diesen mächtigen Buchen und Linden flankiert zu wissen, ohne für deren Pflege verantwortlich zu sein. Sie kramte im Vorgarten nach dem Schlüssel, die weißen Früchte der Schneebeere leuchteten aus dem Strauch am Zaun, ihr winziger Ginkgo in der Mitte des Rasenrondells zeigte schon einen Anflug von Gelb, und als sie den Blick hob, sah sie Birte auf dem Treppenabsatz vor der Tür stehen, fragil, sehr still, mit hängenden Armen stand sie da, seltsam durchscheinend, knochig. Birte war immer schlank gewesen, beweglich und anmutig, jetzt wirkte sie abgemagert, ja ausgemergelt. Mathilda ging ihr entgegen, und je näher sie kam, desto mehr verlor Birte an Schärfe. Als sie selbst den Eingang erreichte, war Birte verschwunden.

Sie ging ins Haus und schloss von innen ab. Ausnahmsweise ließ sie den Schlüssel stecken, schon am Nachmittag. Sie zog ihre Schuhe und den Mantel aus und nahm die Post mit ins Arbeitszimmer, ein Krankenkassenschreiben, ein Brief der Stadtverwaltung, eine Einladung zu einem Konzert. Sie erledigte die Telefonate, die noch anstanden. Die Matheolympiade. Das neue Landesprogramm »Jedem Kind ein Instrument«. Die Schulaufsichtsbehörde. Dann schmetterte sie den Klausurenstapel auf ihren Schreibtisch und korrigierte die Stochastikaufgaben, bis es dunkel wurde.

Seit mehreren Jahren hatte sie nichts mehr von Birte gehört. Zuletzt war ein Brief von ihr eingetroffen, schon als sie den Briefkasten öffnete, erkannte sie die Schnörkel, mit denen Birte die Umschläge verzierte, damit sie seelenvoll wirkten und nicht geschäftlich (obwohl ihre Briefe in Wahrheit Geschäftsbriefe waren), sie erkannte den fleckigen, geknitterten Umschlag, der zu lange irgendwo ungeschützt herumgelegen hatte und den Birte deswegen mit ausgeschnittenen Blümchen beklebt hatte, die Mathilda als nicht altersgemäß empfand, Poesiealbumblümchen, die an eine gemeinsame Kindheit appellierten, die seit Jahrzehnten vergangen war.

Es war ein Brief voller unterschwelliger Vorwürfe und Forderungen gewesen, und Mathilda hatte ihn nicht beantwortet. Mit dem Brief war die leichte Übelkeit in der Magengegend wieder aufgetreten, sie aber hatte keine Lust, eine verworrene Situation aufzulösen, die die andere Seite nicht auflösen wollte. Birte deutete an, dass ihr Mathildas Lebenswandel zu angepasst erschien, ohne Risiko, ohne existentiellen Ernst. Ein netter Ehemann, ein fast abbezahltes Haus, ein interessanter Beruf, ein Auto, das sie sich teilten, weil sie beide ihren Arbeitsplatz zu Fuß erreichen konnten, außerdem Kinder zuhauf in der Schule – sie hatte all das, was landläufig als Erfüllung galt, ohne besondere Mühe erreicht. Birte leitete daraus ab, dass Mathilda ihr etwas schuldig geblieben war, aber Mathilda sah nicht, was dies hätte sein können.

Nervös bewegte sie jetzt den Stift. Sie schrieb nicht mehr – sie kritzelte vor sich hin. Sie strich etwas durch, schraffierte das Blatt, tilgte aus, bis alle Linien sich gegenseitig verdeckten.

Klar und deutlich hatte sie Birtes Gestalt gesehen, erst klar und deutlich, dann seltsam dünnflüssig, transparent. Am helllichten Tag und auf ihrem eigenen Grundstück! Im ersten Moment war sie von Freude durchzuckt gewesen, eine flackernde, hoch aufflammende Freude, und sie ging unwillkürlich schneller auf Birte zu, wie ein argloser Hund, der jedem, den er jemals gekannt hat, heftig wedelnd entgegenläuft. Dann schlug der Impuls um, die Erinnerung kehrte zurück, und sie fragte sich misstrauisch, was Birte dort vor ihrer Haustür überhaupt zu suchen hatte. Was sie von ihr wollte. Erst in einem dritten Schritt realisierte sie, dass die Gestalt nicht solide genug war, um sich ihr gegenüber sinnvoll zu verhalten, aber da begann sie sich auch schon zu verflüchtigen.

Wäre es wenigstens eine Marienerscheinung gewesen! Eine bewährte Vision, für die es Formeln gab, Floskeln, seit Jahrhunderten erprobt.

Sie blätterte um und versah die nächste Seite der Kladde mit seltsamen kleinen Spiralen und Zacken. Sie bedeuteten nichts.

Trotzdem hatte sie all die Jahre Angst gehabt, dort hinzusehen. Sie fürchtete sich vor ihrer eigenen Handschrift. Als eine der Ersten war sie auf Computer umgestiegen. In ihren Fächern Musik und Mathematik musste sie nicht sonderlich viel schreiben, die Korrekturen erforderten eher Ziffern und Symbole als Worte und Sätze, und es gab richtige und falsche Lösungen, keine Halbheiten, keine Ambivalenz. Das verlieh ihr

Sicherheit, sie entspannte sich bei Zahlen und Fakten, und es war ein Jammer, dass ihre Schüler nicht ebenso empfanden, dass sie die Mathematik nicht einstimmig zu ihrem Lieblingsfach erklärten, immerhin ein Halt für pubertierende Gemüter, ein Fels in der Brandung all der Wischiwaschi-Fächer, in denen es nur selten um Inhalte ging, sondern, sie konnte das täglich beobachten, darum, der Lehrkraft nach dem Mund zu reden und sie in ihrer jeweiligen politischen Haltung und ihrem pädagogischen Ehrgeiz zu bestärken. Ihre Kollegen suchten Bestätigung bei den Schülern. Sie hielt das für falsch. Ihr Ideal war der unpersönliche Unterricht, die professionelle Distanz. Und mit der eigenen Handschrift offenbarte man sich.

Sie kritzelte mechanisch weiter, sie kritzelte das Blatt voll und versuchte akribisch, jedes weiße Fleckchen zu übermalen. Seltsamerweise vermehrten sich die weißen Stellen, je genauer sie sie überschrieb. Für eine Lücke, die sie ausfüllte, entstanden drei neue Fitzelchen, ein uferloses Unterfangen.

Trotzdem wurde die Seite lebendig, sie begann zu atmen und wölbte sich ihr entgegen. Natürlich bedeutete die dunkle Wolke nichts, es war auch keine Wolke, allenfalls ein Ausschnitt aus einer Unbestimmtheit. Aber das Papier war nicht mehr neutral. Es war vollkommen überzeichnet, es strahlte eine Atmosphäre aus, die sie sich selbst zuschreiben musste.

Schön, sie hatte Birte gesehen. Vor ihrer eigenen Eingangstür. Lieber wäre ihr gewesen, sie hätte gesehen, wo eine gewisse andere Person sich aufhielt. Ihr angetrauter Ehemann, mit dem sie in ruhiger, unauffälliger Harmonie zusammenlebte und mit dem es ihres Wissens nicht die geringste Unstimmigkeit gegeben hatte, war von einem Augenblick auf den anderen aus dem Haus gegangen und nicht mehr zurückgekommen. Gutwillig oder vergesslich hatte sie die letzten drei Tage so verbracht, als hätte das alles seine Richtigkeit. Sie ließ sich nichts anmerken, sie verhielt sich in der Schule wie immer, und sie hatte zu niemandem davon gesprochen. Als könne sich die Situation, wenn sie gar nicht darüber sprach, doch noch über Nacht als Täuschung erweisen, sich hingegen verfestigen, wenn die anderen begannen, mit ihren oberflächlichen Meinungen eine ungewisse Lage zur Tatsache zu erklären, etwas zu zementieren, für das es keine Rechtfertigung und keinen Anlass gab. Und ein Luftschloss aus Hirngespinsten landete auf einmal aus heiterem Himmel auf dem Boden und würde massiv, unverrückbar real.

Fest stand, ihr Mann war vor drei Tagen wegen irgendeiner unbegreiflichen Kleinigkeit aufbrausend geworden, er hatte einen Wutanfall gehabt und dann beleidigt das Haus verlassen. Mehrfach hatte sie versucht, die Szene zu rekapitulieren, aber der Vorfall blieb rätselhaft und unbefriedigend. Vielleicht nahm er an einem Kongress teil und hatte versäumt, sie zu informieren, hatte in seiner Vorbereitungsphase, die immer ein wenig zu verbissen ausfiel, die Reise schon für so selbstverständlich gehalten, dass er der Meinung war, sie wisse Bescheid. Vielleicht war er zu seiner Mutter gefahren und setzte voraus, dass sie sich das selbst auszurechnen imstande war. Sie hatte ihn sogar zweimal am Telefon gehabt, aber die Verbindung war so schlecht gewesen, dass sie ihn kaum verstehen konnte. Seine Rede hatte verworren geklungen, und sie wollte sich ihrerseits nicht zur Kontrollinstanz aufschwingen. Ohnehin warf er ihr in letzter Zeit dominantes Verhalten vor, sie hatte sich vorgenommen, sich in seine Angelegenheiten nicht mehr einzumischen und ihm alle Freiheiten zu lassen, natürlich in sinnvollen Grenzen. Er würde seine Gründe haben. Er musste Gründe haben, auch wenn sie nicht dahinterkam. Allerdings fand sie, dass er überzog.

Sie schlug das Notizbuch zu und holte sich einen Joghurt aus dem Kühlschrank. Es war schon zu spät, um sich zu einem vollständigen Abendbrot ordentlich an den Tisch zu setzen. Sie hatte auch keine Lust, für sich allein zu decken und abzuräumen und alles hin- und herzutragen. Sie löffelte den Joghurt im Stehen in der Küche, am liebsten hätte sie einen warmen Brei gegessen, Grießbrei, Milchreis, Porridge aus Haferflocken. Aber dergleichen war nicht im Haus.

Sie füllte die Messingkanne mit der strohhalmdünnen Tülle und goss die Zimmerpflanzen im Wohnzimmer. Ein Scheidenblatt, eine Flamingoblume. Die einzigen Blumentöpfe, die ihr Mann im Haus duldete, weil sie angeblich luftreinigend wirkten. Auf dreibeinigen Ständern nebeneinander bildeten sie eine lebende Wand und schirmten die Klavierbank vom Durchgang ab. In einem Gebäude im Bauhausstil, darauf hatte ihr Gatte bestanden, durften nicht überall Blumentöpfe herumstehen, das war biedermeierlich und verdarb die kühle Ästhetik der Architektur. Er hielt Zimmerpflanzen für unzeitgemäß, und da sich ihre großen Fensterflächen zum Garten hin öffneten, hatte sie keine Einwände gehabt. Den einen Topf hatte sie vom Kollegium, den anderen von einer Schülergruppe geschenkt bekommen, und sie musste sich eingestehen, dass die Anmutung nicht unelegant, aber altmodisch war, Pflanzen mit plastikhaften, glänzenden Blättern, die man ständig abstauben musste, mit Kolben, von einem Hochblatt umhüllt, das für die unansehnliche Blüte die Schaufunktion übernahm, papierweiße Wimpel im einen, glibberrote Tellerchen im anderen Fall. Als das Telefon klingelte, verrutschte ihr der Wasserstrahl und schwenkte von den Blattstielen auf das Parkett.

Olivia wollte wissen, ob für den kommenden Tag alles klar sei.

Was hieß alles klar. Sie waren seit Wochen verabredet, und selbstverständlich hätte Mathilda längst abgesagt, wenn ihr etwas dazwischengekommen wäre.

Sie vergewisserte sich, ob Olivia es sich nicht anders überlegt hatte, ob Olivia an den Plänen festhielt, ob der Anruf nicht nur ein Vorwand war, um Mathilda dazu zu bringen, als Erste einen Rückzieher zu machen.

Aber Olivia befand sich schon in der Hütte. Sie höre den Wald rauschen und ein Käuzchen rufen. Sie gehe jetzt schlafen. Sie warte morgen auf sie.

Mathilda wischte das Blumenwasser auf, öffnete die Schiebetür und sah nach draußen in den dunklen Garten.

Hinter der kleinen Rasenfläche begannen gleich die eingewachsenen Nachbargrundstücke mit ihren Thujahecken und Rhododendronwällen, mit knorrigen Baumkronen, die sich als Silhouetten vor dem kanalfarbenen Hintergrund abzeichneten. Das Laub schien sich langsam zu drehen, schwarze Körper, die über das Firmament wanderten wie tagsüber die Sonne, kleine Einheiten, die sich zu Haufen und Galaxien zusammenschlossen und einen aufreizend graugeränderten Sog ausübten, dem Mathilda bedenkenlos nachzugeben bereit war.

Als sie auf die Terrasse trat, löste der Bewegungsmelder aus und tauchte alles in flutendes Licht. Sie kniff die Augen zu, als sei sie in einen Alptraum geraten, dem sie nur entgehen konnte, indem sie tiefer schlief. Sie nahm die Düfte und die Geräusche wahr, Äpfel, die dumpf auf den Rasen fielen, Kastanien, die über Autodächer kollerten, das raschelnde Pampasgras, der Verkehr auf der Hauptstraße und ein Wind, der aus der Ärztevilla die Gerüche weißer Nahrungsmittel herantrug, gekochter Reis, Rettich, Blumenkohl. Schellfischfilet. Dann erlosch die Lampe, Mathilda blieb reglos stehen, die Laubwand der Nachbarn rauschte, der Abend war klar, und sie vermochte sogar einzelne Sterne auszumachen. Sie empfand den gestirnten Himmel nicht als tröstlich. Sie fühlte sich aufgerauht, kontaminiert, zu durchlässig für jeden beliebigen Eindruck. Niemals wurde es in dieser Stadt richtig dunkel. Jeder einzelne Lichtpunkt drang schmerzhaft ein wie ein Nadelstich, aber nicht ihr Körper war betroffen, sie fühlte sich leer und formlos, zu wenig substanziell und zu geräumig, um dem unruhigen Flimmern Widerstand zu leisten. Es gab keinen Punkt mehr, an den sie sich zurückziehen konnte. Hatte es diesen Punkt je gegeben?

Sie ging die zwei Schritte zurück ins Haus, der Sensor reagierte, das Licht brach grell ein, als öffnete sich eine Höhle zu allen Seiten, und etwas, was dort lange zusammengefaltet gelegen hatte, wurde geblendet, riss blinzelnd die Augen auf und erhob sich.

Sie erwachte davon, dass ein Krähenschwarm über dem Haus kreiste. Heisere Rufe durchschnitten die Blässe des Morgens, glitten durch das gekippte Fenster, drangen ihr bis ins Mark. Sie war dünnhäutig geworden, überempfindlich. Normalerweise ließ sie sich von Geräuschen nicht stören. Jetzt schob sie die Decke zurück und stand auf, deutlich früher als geplant. Sonst war sie eine brutale Schlafmaschine, sie legte sich hin, ihr fielen augenblicklich die Augen zu, sie verbrachte die vorgesehenen Stunden traumlos oder zumindest erinnerungslos und kam exakt zu dem Zeitpunkt, den sie sich vorgenommen hatte, wieder zu sich. Sie benötigte keinen Wecker, das Unterbewusstsein ließ sich programmieren, aber für gewöhnlich stellte sie den Wecker trotzdem, um sicherzugehen. Sie richtete sich auf, noch etwas benommen blieb sie für einen Moment auf der Bettkante sitzen. Die wattige Morgenblässe füllte ihren gesamten Schädel aus. Sie war noch müde.

Die Krähen sammelten sich und ließen sich auf dem Baum vor der Ärztevilla nieder, hoben dann erneut ab. Sie hatte nie bemerkt, dass es sich bei der hässlich beschnittenen Platane um einen Schlafbaum handelte. Jetzt war er von hektischem Schwirren umgeben, von Krächzen umfangen.

Mathilda ging barfuß in die Küche, setzte Wasser auf und

öffnete die Dose mit Earl Grey. Der Tee hatte deutlich an Aroma verloren, fast nie tranken sie davon, er war uralt.

Als die Türklingel schrillte, fühlte sie sich für einen Moment nackt. Die bloßen Füße auf den weißen Bodenfliesen, das dünne Seidennachthemd, schon leicht fadenscheinig – wer klingelte um diese Zeit? Es war zu früh für Handwerker, Schornsteinfeger, Sammeldosenträger. Eigentlich sollten alle noch schlafen.

An der Garderobe hängte sie sich einen Strickmantel über die Schultern und warf einen Blick auf den Monitor, den sie eigenhändig an der Wand installiert hatte. Ihrem Mann fehlte jedes handwerkliche Interesse, er hatte sich auch gegen eine Kamera im Eingangsbereich ausgesprochen, aber der Vorteil gegenüber der einfachen Gegensprechanlage bestand darin, dass man mit der Person vor der Tür erst gar keinen Kontakt aufzunehmen brauchte, wenn das geboten schien. Sie musste sich nur immer wieder klarmachen, dass sie selbst auf der anderen Seite des Bildschirms unsichtbar blieb. Der Monitor zeigte Birte, wie sie sich ungeduldig das Haar zurückstrich und dann ohne weitere Übersprungsgesten einfach wartete. Sie stand so da, wie sie sie gestern gesehen hatte, das Gesicht ihr zugekehrt, fordernd und zerbrechlich zugleich, nur dass sie selbst sich jetzt im Haus befand und nicht im Vorgarten und Birte ihre Position auf dem Treppenabsatz entsprechend um 180 Grad gedreht hatte.

Mathilda zögerte, und erst jetzt ergriff eine vollständige Erstarrung ihren Körper, hielt sie den Atem an, wollte sie kein Geräusch mehr verursachen. Noch konnte sie sich aus dem Flur zurückziehen und einfach nicht reagieren, sie würde sich im Schlafzimmer verschanzen und vorgeben, niemand sei zu Hause. Birte jedoch war imstande, stundenlang um das Gebäude herumzuschleichen, in alle Fenster zu schauen, hartnäckig zu klopfen und ihr aufzulauern. Es hatte keinen Zweck.

Sie gab sich einen Ruck, hielt mit einer Hand den Strickstoff vor der Brust zusammen und schloss mit der anderen Hand die Haustür auf.

Magnetsinn

Mathilda goss den Tee auf und nahm eine zweite Tasse aus dem Schrank. Sie war froh, ausnahmsweise eine der alten Sammeltassen in Gebrauch zu haben, dünnes Porzellan, farbiges Art-déco-Muster, Goldornamente. Sie griff ein Exemplar mit nostalgischen Ranken, das Birte gefallen würde. Sonst benutzten sie das einfache weiße Geschirr, das man in die Spülmaschine stellen konnte. Birte öffnete eine Brottüte aus braunem Packpapier, die sie selbst zusammengeklebt hatte, und rollte den Rand so weit herunter, dass die Croissants sichtbar wurden, die sie selbst gebacken hatte, allerdings am Vortag. Sie saß auf der Kante des Küchenstuhls und hielt sich sehr gerade. Der selbstgestrickte Wollpullover, der verwaschene lange Rock, die klobigen Sandalen, die ausgeleierten Ringelsocken – sämtliche Kleidungsstücke hingen seltsam unverbunden an ihrem Körper, als probe eine Ballerina die Rolle der Landstreicherin. Birtes Kleidungsstil war seit ihrer gemeinsamen Schulzeit nahezu unverändert geblieben. Sie ging praktisch in Lumpen, legte aber großen Wert auf schadstoffarme Materialien, gedeckte Farben, ressourcenschonendes Verhalten.

Es waren gebrauchte Teile vom Flohmarkt, gerüschte Erbstücke aus ihrer Verwandtschaft, ländliche Arbeitstrachten, gleichzeitig hochwertig und verschlissen. Und egal was sie trug, die theatralisch inszenierte Einfachheit übte auf Mathilda noch immer einen Zauber aus, dem sie sich nicht entziehen konnte.

Ich wusste ja, dass du früh aufstehst, hatte Birte in ihrem vertraulichen Ton zur Begrüßung geflüstert, und Mathilda hatte nur zustimmend genickt, denn selbstverständlich war sie eine tätige Person, die auch am Wochenende nicht lange schlief, sondern zeitig ihren Tageslauf begann, und sie wollte von sich selbst glauben, sie fände durchaus nichts dabei, morgens um halb sechs von einer alten Freundin aufgesucht zu werden, die sie jahrelang nicht gesehen hatte. Birte spielte auf eine Gemeinsamkeit an, ein intimes Wissen, wer wann wach wurde, und sofort lag Mathilda etwas daran, an dieser Gemeinsamkeit festzuhalten, auch wenn sie selbst sich daran überhaupt nicht erinnern konnte.

Offenbar gab es da etwas von früher, eine Stunde der Nähe und Verschworenheit, Kissenschlacht, raschelnde Bettdecken, Gruselgeschichten, Hand in Hand einschlafen, Mathilda schien solch eine Innigkeit sehr weit entfernt, aber es rührte sie, dass Birte ohne weiteres daran anknüpfen konnte. Sie versuchte dem nachzuspüren, nur für einen Moment, fast reichte sie bis dorthin, aber dann entglitt ihr alles. Und überhaupt: Wollte sie wirklich, dass Birte sie immer noch als kleines Mädchen im Schlafanzug vor sich sah?

Aber dein Mann, hatte Birte nachgesetzt, ist er auch schon wach? Und Mathilda dachte, dass er spätestens von Birtes Klingeln wach geworden wäre und dass es lächerlich war, jetzt zu flüstern.

Er ist auf einem Kongress, sagte sie knapp und führte Birte in die Küche, damit sie das Thema nicht weiter vertiefte.

Birte war mit dem Nachtzug gekommen und brauchte Geld. Sie betrieb ein Keramikcafé in Nordfriesland, was bedeutete, dass sie in einer ausgebauten Scheune biologisch-dynamischen Kuchen auf selbstgetöpfertem Geschirr servierte. Sie verwendete dafür eine blassblaue Glasur, die dem groben Steinzeug einen melancholischen Reiz verlieh, und ihre Gäste stellten überrascht fest, dass Öko auch schön sein konnte.

Das Café lief prinzipiell gut, im Winter aber verschlang die Beheizung der Scheune solche Unsummen, dass die paar Besucher, die nach einem Schneespaziergang bei ihr einkehrten, die Kosten nicht wettmachen konnten.

Mathilda hatte kalte Füße, aber sie kam nicht dazu, Birte zu unterbrechen. Sie schob die Zehen übereinander, versuchte, den Fliesenboden nur an einer Stelle zu berühren, sie saß verdreht und verkrampft in ihrer eigenen Küche.

Sie wollte ihr raten, im Winter zu schließen und in dieser Zeit in Ruhe zu töpfern, aber sie konnte schon absehen, dass Birte sich darauf nicht einlassen würde.

Im Winter müsse das Café unbedingt geöffnet bleiben. Ein ganz anderes Licht auf den Glasuren, das den Himmel tief ins Innere bringe, eine Gemütlichkeit, nicht anbiedernd heimelig, sondern von kühler Klarheit, so dass der Besuch in ihrem Café eine letztlich reinigende, wenn nicht therapeutische Wirkung habe, die einige ihrer Gäste besonders schätzten. Nur zu frostig dürfe es nicht werden, weil die Leute ihre Mäntel ablegen wollten, daher gehe es darum, die Scheune entweder noch mehr zu beheizen als bisher oder, und das wäre die umweltfreundlichere Variante, sie vollständig zu dämmen. Dafür gebe es schon ein Konzept, nur der Finanzierungsplan stünde noch nicht.

Birte nippte vorsichtig am Tee, ihre Croissants rührte sie nicht an. Sie redete unentwegt, sie hielt die Tasse so locker, dass Mathilda fürchtete, sie würde sie fallen lassen. Aber sie fragte nicht, ob Mathilda ihr Geld leihen konnte, auch wenn sie stillschweigend davon ausging, dass Mathilda, kinderlos und doppelverdienend, ausreichend Rücklagen gebildet hatte, für die sie keine Verwendung fand.

Mathilda zog die Füße unter sich und hockte sich auf die Fersen. Es war sehr unbequem und keine Verbesserung.

Im letzten Brief von Birte, den sie unbeantwortet gelassen

hatte, war es auch um die Scheune gegangen. Birte wollte das Anwesen kaufen und brauchte Kapital. Warum sie ausgerechnet auf Mathilda verfiel, war unverständlich. Birte stammte aus einer wohlhabenden Familie, ihre Eltern und sämtliche Verwandte besaßen ein erhebliches Vermögen, aber sie unterstützten Birte nicht unendlich, wahrscheinlich aus pädagogischen Gründen und weil sie genau wussten, wo sich eine Investition lohnte und wo nicht.

Mathilda hingegen war diejenige aus einfacheren Verhältnissen gewesen. Das Kind, das in der Schule gute Noten haben musste, weil dies das einzige Kapital war, mit dem die Familie wuchern konnte. Sie hatte dementsprechend die besten Noten gehabt und einen sicheren Beruf ergriffen, den sie nicht liebte, aber ohne große Mühe auszuüben imstande war. Mathematik fiel ihr allzu leicht, Musizieren konnte jeder, sie war kein Risiko eingegangen. Das hatte Birte ihr über Jahre hinweg vorgehalten. Birte sprach nicht darüber, aber Mathilda wusste genau, dass Birte sie zu streberhaft fand, und sie hatte damals ihre hochmütigen, fast verächtlichen Blicke gesehen, die auf der Einrichtung von Mathildas Eltern ruhten, wenn Birte bei ihr Hausaufgaben machte, sich helfen ließ, das meiste abschrieb und dann doch in Tränen ausbrach, weil sie nicht einmal die Aufgabenstellung verstanden hatte.

Birte nippte am Tee und betonte, wie glücklich sie sei, Mathilda nach längerer Zeit endlich wiederzusehen. Sie sprach von alter Freundschaft, sogar von Sehnsucht, Sehnsucht nach Mathilda, das musste man erst einmal wagen!, dann schilderte sie umständlich ihre Anreise mit dem Nachtzug von der Nordsee, und Mathilda begann zu begreifen, dass Birte in der Stadt irgendeine Absicht verfolgte, der Zug aber so früh angekommen war, dass sie noch etwas Zeit überbrücken musste. Und dazu war ihr ausgerechnet Mathilda eingefallen?

Die Sache ist die, sagte Mathilda. Sie müsse gleich aufbrechen, sie sei für das Wochenende verabredet. Birte blickte betreten in ihre Tasse. Dann fing sie sich plötzlich, setzte ein Lächeln auf und beschied, sie habe in der Stadt noch etwas zu erledigen, aber dann käme sie gern mit.

Mathilda hieb die Zähne in das pappige Croissant, nickte mechanisch und ärgerte sich, dass sie sich noch nicht einmal gekämmt hatte. Hier war der Punkt, an dem sie Birte vor die Tür setzen musste, an dem Abgrenzung gefragt war, ein klares Nein, wie es ihr in jedem anderen Zusammenhang leicht von den Lippen kam, aber sie erinnerte sich an die Erscheinung vom Vortag, das wässrige und, wie es aussah, bedürftige, geradezu hilfesuchende Bild, und ihr wurde klar, dass sie Birte vielleicht wegschicken, aber sich des Bildes von ihr nicht erwehren konnte. Dass es sie heimsuchen würde, in den Wahnsinn treiben, dass es ein Zeichen war, auf das sie wohl oder übel reagieren musste, und so legte sie Birte dar, was sie in diesen Tagen vorhatte. Erstens kurzer Besuch bei ihrer Mutter, zweitens und mit Übernachtung verbunden ein Besuch bei Olivia in ihrem Wochenendhaus. Sie wollten wandern gehen, lange Touren, nicht gerade Extremsport, aber Birte mit ihren Sandalen sei dazu nicht gut ausgerüstet.

Birte kannte Mathildas Mutter, Birte kannte Olivia, es hatte sogar eine Periode gegeben, in der sie mit Olivia enger befreundet war als mit Mathilda, Birte freute sich auf beide, und sie sah in den Sandalen kein Problem, sie war leichtfüßig, durchtrainiert. Sie werde kurz in die Stadt gehen und sei in einer Stunde zurück. Mathilda wusste, es würden mindestens zwei Stunden werden, ihr Zeitplan war jetzt schon gescheitert, aber sie versicherte Birte, sie würde auf sie warten. Wehende Röcke, schwingende Basttasche. Sie schloss die Haustür hinter Birte ab, sie drehte den Schlüssel grimmig bis zum Anschlag. Dann ging sie, um sich anzuziehen und ihre Sachen zu packen.

Der Vormittag war bereits fortgeschritten, Mathilda hatte zum dritten Mal ihre Mutter angerufen und sich für die Verzögerung entschuldigt. Sie sei unerwartet aufgehalten worden. Jetzt aber steige sie ins Auto und käme sofort.

Sie hatte die Küche aufgeräumt, die Tassen gespült, die Krümel aufgewischt. Die Tüte mit Birtes Croissants war wieder verschwunden, Birte musste sie im Aufstehen, mit einer halben Drehung des Körpers, unauffällig wieder in ihrer Tasche verstaut haben. Offenbar plante sie weitere Überraschungsbesuche, ein Frühstück nach dem anderen, Treffen, bei denen sie Köder auslegte, und sie selbst, Mathilda, hatte den Teigwurm bereits geschluckt und hing jetzt den ganzen Vormittag fest.

Mit harten Schritten ging sie zur Garage. Sie fuhr den Wagen hinaus und schmetterte das Tor lauter zu als nötig. Auf die Nachbarn musste sie ausnahmsweise keine Rücksicht nehmen, in den umliegenden Gärten wurde schon gemäht. Die Sonne stand hoch, Spinnenfäden schwebten durch die Luft, ein klarer, gleißender Herbsttag. Nachdem sie so lange gewartet hatte, beeilte sie sich jetzt, das Grundstück zu verlassen. Sie fuhr schneller als erlaubt durch die verkehrsberuhigte Straße, sie trug einen breitkrempigen Wanderhut, der ihr Gesicht verschattete. Aus den Augenwinkeln fixierte sie den Bürgersteig. Aber bis zur Autobahn sah sie niemanden mehr, den sie kannte.

Wieso kommst du erst jetzt, fragte ihre Mutter. Zum Frühstück zu spät, aber zum Mittagessen zu früh. Ich weiß gar nicht, was ich dir anbieten soll.

Mathilda blickte aus dem Wohnzimmerfenster über den Balkon hinweg auf die Rasenfläche mit der Birke, wo immer noch die Teppichstange stand, die keiner der Mieter jemals benutzt hatte.

Ich habe unerwarteten Besuch gehabt, sagte Mathilda. Und stell dir vor, von wem.

Ihre Mutter saß auf der Sesselkante, sie reckte den hageren Hals, um den eine Perlenkette geschlungen war, sie rückte an den Tellern mit Gebäck und goss Mathilda Kaffee nach.

Draußen auf der Rasenfläche war niemand zu sehen. Auch auf dem Weg vom Parkplatz war ihr niemand entgegengekommen. Das Treppenhaus roch nach Putzmittel und gekochten Kartoffeln. Kein Laut aus den Nachbarwohnungen. Auch Mathilda bemühte sich, keine unnötigen Geräusche zu verursachen. Sobald sie die Siedlung betrat, versteifte sie sich, ihr Atem ging flacher, sie machte sich schmal und nahm so wenig Raum wie möglich ein. Sie war zur Wohnungstür getreten und hatte augenblicklich die steife Haltung ihrer Mutter angenommen. Sie bewegte sich nicht auf dem Sofa, damit es nicht knarrte, nur den Kopf wandte sie ab und zu zum Fenster, zum gleißenden Licht dieses Herbsttages, das im Zimmer die einzelnen Staubpartikel leuchten ließ, die in der Luft standen als regloser Niederschlag, ein schütterer, lamettaheller Vorhang aus dem Staub von Jahrzehnten, der sich nicht senkte, der vielmehr den Raum in der Schwebe hielt und zu einem festlich glitzernden Ort machte, einem Ort, der sich noch einmal aus den Tiefen der Vergangenheit heraushob und sich gegen Mathildas neuere Orte behauptete.

Was wollte Birte von dir?, fragte ihre Mutter, und Mathilda musste zugeben, dass sie es nicht wusste.

Dass Birte schon wieder im Begriff war, aufzubrechen, bevor Mathilda ihr eine klare Aussage entlocken konnte, dass Birte samstagmorgens um sieben einen Termin in der Stadt gehabt haben wollte, dass Mathilda so weit gegangen war, mehrere Stunden auf sie zu warten, klang bereits ungereimt und ließ sich kaum schlüssig erzählen. Ihre Mutter hatte für verworrene Berichte wenig Verständnis, und mit Birte, das war

Mathilda seit Jahren klar, übte ihre Mutter keinerlei Geduld. Birtes Anwandlungen, Birtes Versäumnisse, Birtes Unzuverlässigkeit: ein stehendes Thema seit Mathildas Grundschulzeit.

Birte ist unaufrichtig, sagte die Mutter abschließend und setzte ihre Tasse klirrend auf die Untertasse. Ich verstehe nicht, dass du dich immer noch mit ihr abgibst. Hast du keine anderen Kontakte?

Mathilda empfand irritiert, wie sie unaufhaltsam in die Kinderrolle glitt. Eigentlich hatte sie es in den vergangenen Jahren erreicht, ihrer Mutter von Gleich zu Gleich zu begegnen, Gespräche unter Erwachsenen zu führen. Sie sah an sich herab und realisierte, dass sie sonst in Seidenbluse und Bleistiftrock an diesem Platz saß, jetzt aber in robusten Kleidern, die sie schon als Jugendliche besessen hatte, ein verblichenes Sweatshirt, die mausgraue Baumwollhose, dicke Trekkingsocken. Gewöhnlich behielt sie ihre Schuhe bei Besuchen an, doch die Wanderstiefel hatte sie ausgezogen und auf der Fußmatte abgestellt. Das trug natürlich dazu bei, dass sie an Seriosität verlor. Trotzdem hätte sie von ihrer Mutter jetzt gern einen Rat erhalten.

Warum ist sie unaufrichtig?, fragte sie schlapp.

Draußen an der Teppichstange führte jetzt ein übergewichtiges Mädchen seinen Pekinesen aus. Das Mädchen trug einen blauen Irokesenschnitt, ein Nietenhalsband und ein langes T-Shirt mit Volants, die die Hüften kaschierten. Der Hund schnüffelte ausgiebig an der Stange, das Mädchen blickte auf sein Smartphone, die Leine am Ellbogen, der Hund ließ sich Zeit.

Ihre Mutter griff sich an den Hals und ließ die Perlen ihrer Kette durch die Finger gleiten. Sie starrte auf die Wand, die ein schräger Sonnenstrahl hell in Szene setzte, sie kniff die Augen zusammen und schien zu überlegen. Plötzlich ging ein

Zucken durch ihren Körper, vielmehr sie selbst saß steif da, sie regte sich nicht, aber die Luft um sie herum zuckte, flackerte, flatterte, bewegte sich in ihrem Rücken.

Draußen ging der Wind durch die Birke, der Blätterschatten wischte unruhig durchs Zimmer, warf sich durch den Raum wie der unstete Flug eines Fledertieres, hektisch von einer Wand zur anderen, mit scharfen Richtungswechseln, hilflos und blind.

Der Pekinese hob den Kopf von den Grasbüscheln an der Teppichstange, er blickte wachsam nach oben, zu ihnen in die Wohnung, als gäbe es dort etwas, das seine Instinkte erregte.

Dann flaute der Wind ab, nichts bewegte sich mehr, und der Hund hatte es auf einmal eilig, seinen Weg fortzusetzen, er zog an der Leine, die das Mädchen jetzt kürzer fasste, eine Nachricht musste noch zu Ende getippt werden, schon gingen sie langsam über die Wiese weiter.

Mathilda bemerkte, dass sie noch immer den Rand der Kaffeetasse mit ihren Lippen berührte. Sie hielt die Tasse am Mund, sie wartete, dass ihre Mutter ihr eine Antwort gab.

Dampf stieg auf, kräuselte sich vor Mathildas Augen und zog geisterhafte Schlieren. Porzellanwolke mit hohem Schweif. Der Kaffeekreis darin ein schwarzes Loch, das das Wohnzimmer in sich hineinsog, sie sah den Vorhang in der Flüssigkeit versinken, die Schrankwand. Dann kippte sie die Tasse minimal und fing den Kronleuchter ein, der in eine grundlose Tiefe fiel.

Ihre Mutter zupfte sich das großgeblümte, dunkel grundierte Kleid zurecht, sie strich sich prüfend über das aufgesteckte, hochtoupierte Haar, eine Frisur, die seit Jahrzehnten aus der Mode war, an der ihre Mutter aber eisern festhielt, so wie sie die Haare beharrlich tiefschwarz färbte, elfenhaft schlank blieb, eine Frau, an der die Zeit kaum Spuren hinterließ.

Du bist so spät gekommen, sagte sie jetzt, ich muss zum Gemeindehaus. Wir treffen uns zur Vorbesprechung für den Weihnachtsbasar.

Mathilda nickte stumm und trank den Kaffeerest aus. Auch sie war schon wieder in Eile, wenn sie jetzt losfuhr, kam sie noch wie verabredet bei Olivia an, die auf sie wartete in ihrem Haus im Wald.

Sie schaltete das Klassikradio an und fuhr auf die Autobahn. Schallschutzwände, Leitplanken, Mittelstreifen. Um ein paar Stunden im Grünen zu wandern, musste man mindestens ebenso lange mit Vollgas durch eine Asphaltwüste. Sie vertiefte sich in das Grau des Straßenbelags, sie ließ dieses Grau in sich einsickern, wurde zu einer glatten, verödeten Fläche. Der Motor dröhnte über diese Fläche hin, wie damals das Staubsaugergeräusch, als ihre Mutter nicht mehr aufhören wollte zu saugen.

Sie war gerade in die zweite Klasse gekommen, und Birte durfte nach der Schule mit zu ihr nach Hause. Birtes Eltern waren beide berufstätig, normalerweise wärmte sie sich etwas auf oder aß ein Brot. In Mathildas Familie wurde mittags gekocht, und Birte saß zappelnd am Tisch, sie konnte nach dem Unterricht noch nicht wieder stillhalten. Birte mochte das Essen nicht, sie ließ die Königsberger Klopse halbzerkaut liegen, sie aß ein Stück Kartoffel, sie sortierte die Kapern aus und schob sie an den Tellerrand. Währenddessen erzählte sie unentwegt, dass ein Mitschüler ihr das Federmäppchen entwendet, ein Lehrer sie nicht drangenommen hatte, ein anderer Lehrer schlecht gekleidet gewesen war. Mathildas Mutter runzelte die Stirn, und als Birte sich zu unruhig gebärdete und ein Glas zerschlug, schickte sie die Mädchen in Mathildas Zimmer, sie sollten mit den Hausaufgaben anfangen, sie sollten nicht in einen Splitter treten, aber in Wirklichkeit wollte sie nicht, dass Birte zugegen war, wenn sie selbst auf Knien durch die Wohnung rutschte und die Scherben auffegte. Mathilda trat noch einmal aus ihrem Zimmer, um für Birte etwas zu trinken zu holen. Ihre Mutter hockte auf dem Boden und tupfte Flüssigkeit mit dem Putzlappen auf, ihr Handballen blutete, auf dem Kehrblech lagen die spitzen Teile des Glases ineinander verhakt.

Du gehst jetzt nicht in die Küche, presste die Mutter hervor, aber Mathilda ging trotzdem in die Küche und kam mit einem gefüllten Glas zurück.

Bei Birte trinken die Kinder aus ausgespülten Joghurtbechern, sagte sie altklug, da kann nichts kaputtgehen.

Mathilda erinnerte sich, dass sie diese Maßnahme von Birtes Eltern damals merkwürdig gefunden, aber nicht in Frage gestellt hatte. Eine Akademikerfamilie, großzügiges Einfamilienhaus, wilder Garten, Rattanmöbel und Reiseandenken aus exotischen Ländern, Holzmasken mit Drohfrisuren aus aufgestellten Reisigbündeln, Lampenschirme aus chinesischer Seide, Sandrosen auf der Fensterbank und neben der Ottomane bauchige ockerfarbene Bodenvasen. Im Küchenschrank standen die Joghurtbecher zu mehreren Türmen ineinandergestapelt neben dem Gebrauchsgeschirr. Mathilda hielt den harten Rand des Bechers im Mund, es war nicht ganz einfach, daraus zu trinken, ohne zu tropfen und ohne sich an der harten Kante zu schneiden. In einem modernen Haushalt, hatte Mathilda gefolgert, wurde noch brauchbares Plastik nicht einfach weggeworfen, sondern weiterbenutzt, solange es ging.

An jenem Nachmittag hatte sie Birte vergeblich die Mathematikaufgaben erklärt, während sie mit einem Ohr hörte, dass in der Küche weitere Gläser zu Bruch gingen. Als Birte schließlich ihren Tornister geschultert hatte und die Tür hinter ihr zugefallen war, zerrte Mathildas Mutter den Staubsauger aus der Kammer und begann den Teppich zu saugen. Sie saugte immer weiter, sie arbeitete sich durch alle Zimmer und begann wieder von vorn, sie war nicht mehr gründlich, sie war besessen. Mathilda wusste nicht, wo sie hinsollte. Sie setzte sich an ihren Schreibtisch, fixierte ein aufgeschlagenes Lehrbuch, den Stift in der Hand, und sobald ihre Mutter mit aufgelöstem Haar ihre Zimmertür erreicht hatte, stand sie auf und schloss sich im Badezimmer ein.

An diesem Nachmittag verbrachte sie eine unendliche, träge verlaufende Zeit auf dem Badewannenrand, draußen das Dröhnen des Staubsaugers, das Poltern, wenn der Kopf gegen die Möbel prallte, das Klacken, wenn der Schlauch an den Beistelltisch schlug. Als ihr Vater nach Hause kam, trat Stille ein. Sie aßen zusammen Abendbrot, Mathilda eine Wurstschnitte, ihr Vater bekam die Königsberger Klopse aufgewärmt. Ihre Mutter hantierte mit den Töpfen, trug Schüsseln und Platten aus der Küche, selbst nahm sie kaum etwas zu sich. Nach dem Abwasch verließ sie die Wohnung und war noch nicht zurück, als Mathilda zu Bett ging.

Am nächsten Morgen bereitete ihr Vater das Frühstück zu, er briet Eier mit Schinken und röstete Brot, er polierte den Apfel, den Mathilda für die Pause mitnahm, mit seinem karierten Taschentuch, er schlug ihr Butterbrot akkurat in Pergamentpapier ein. Als sie aus der Schule kam, öffnete ihr eine Nachbarin die Tür. Roswitha sei im Krankenhaus, hieß es nur, und erst viel später erfuhr sie genauer, was an dem Abend geschehen war.

Als Mathilda eingeschlafen war, verließ ihr Vater die Wohnung, um Roswitha zu suchen. Er lief mit einer Taschenlampe über die Rasenflächen der Siedlung und leuchtete in die dunklen Ecken, in den Spalt zwischen der Hauswand und den Mülltonnen, unter die parkenden Autos, in das Wäldchen am Damm. Schließlich fand er sie unter einem Rhododendronbusch der benachbarten Parkanlage. Der Rhododendron war übersät mit teeporzellanweißen Blüten, sie dufteten nicht, sie öffneten sich steril in den Nachthimmel. Ein wilder Mond, fast voll, warf unruhige Schatten, die Zweige erhoben sich düster gegen das unwirkliche Licht. Unter dem Busch saß Roswitha und weinte.

Sie trug keinen Mantel, ihr Kleid war voll feuchter Erde, sie hatte ihren Handballen mit dem schmutzigen Putzlappen umwickelt. Mathildas Vater half ihr hoch, brachte sie in die Wohnung, setzte sie an den Küchentisch und desinfizierte ihre Wunde, während ihr die Tränen über die Wangen liefen, und als sie nicht aufhörte zu schluchzen, wusste er sich keinen Rat mehr, als sie in die Klinik zu fahren.

Mathilda hatte diesen Vorfall niemals mit Birte in Verbindung gebracht, sie erinnerte den Nachmittag der Matheaufgaben und die Wochen, in denen die Mutter nicht bei ihnen war, als zwei voneinander getrennte Welten. Roswitha sei labil, hatte es geheißen, die Nerven. Ab und zu brauchte sie Abstand, verstand Mathilda, sie musste sich im Krankenhaus erholen.

Auch Mathilda empfand diese Wochen als erholsam. Etwas hatte sich entspannt, die normalen Abläufe geleiteten sie durch die Tage, Mathilda vermisste nichts. Erst als ihre Mutter wieder zurück war, bemerkte sie, wie die Selbstverständlichkeit von einem Moment auf den anderen verschwand, wie die Wohnung die alte Enge zurückerhielt, wie ein Zuviel auf den Räumen lag, die Durchgänge verstopfte.

Sie war in ihrem Kinderzimmer nicht länger allein: Als sei ihre Mutter auf einmal befähigt, durch Wände zu sehen, fühlte sie ihre Blicke überall, und wenn Mathilda an ihrem Schreibtisch über den Hausaufgaben saß, duckte sie sich darunter weg, versuchte, es dem Kontrollorgan, das unsichtbar den Raum ausfüllte, recht zu machen.

Roswitha war im Wohnzimmer zugange, im Korridor vor ihrer Zimmertür, Roswitha räumte auf, sortierte Zeitungen und Papiere, staubte die Möbel ab, die Unruhe drang überall hin, und Mathilda versteifte sich noch weiter, sie biss die Zähne zusammen, drückte die Ellbogen seitlich an die Rippen, verharrte so über Stunden, und bald spürte sie nicht mehr, wie sich in der Magengrube die Beklommenheit staute.

Ihre Mutter, fand sie, ließ sich gehen. Ihre Mutter ließ sich von anlasslosem Unbehagen leiten, sie war unausgeglichen, sie stellte sich an. Vor der Tür das Schubbern und Schaben, das Rascheln, die Schritte, Mathilda konnte hören, dass ihre Mutter betonte, wie leise sie hantierte, um das Kind nicht zu stören, das Kind hatte Pflichten, und weil dem Kind seine Pflichten auf diese wortlos wispernde Weise nahegelegt wurden, tat es, was von ihm erwartet wurde, blendete die Umgebung vollständig aus und konzentrierte sich auf die Grundrechenarten.

An einem Nachmittag war die Mutter aus der Wohnung verschwunden, jedenfalls spürte Mathilda ihre Anwesenheit nicht mehr. Mathilda lag bäuchlings auf dem Teppich in ihrem Zimmer und zeichnete einen Königspudel von einer Tierpostkarte ab. Der Pudel hockte aufrecht und wie mit einem Lächeln im Gesicht auf einer Wiese, aber Mathilda zeichnete nicht die Konturen, sie zeichnete jedes einzelne Haar seines Fells. Plötzlich ließ etwas nach, ein Druck, eine Anspannung. Beunruhigt ließ sie den Stift sinken, schob den Malblock zur Seite und schlich in roten Wollstrumpfhosen in den Korridor, um nachzusehen, ob ihre Mutter das Haus verlassen hatte. Niemals ging sie fort, ohne ihr Bescheid zu sagen, auch hing ihr Popelinemantel am Garderobenhaken, daneben ihr sandgelber Seidenschal mit dem Löwenmuster. Mathilda öffnete die Küchentür, die Küche war leer. Alle Arbeitsflächen waren abgewischt, es roch nach künstlichem Zitrusaroma, nur ein schmutziger

Topf stand in der Spüle, um einzuweichen. Sie klopfte leise an die Tür zum Bad, kein Geräusch von der anderen Seite. Vor dem Elternschlafzimmer gab sie sich einen Ruck, hängte sich an die Klinke, was sie nicht durfte, und schwang sich mit der Tür hinein.

Roswitha vor dem dreiteiligen Frisierspiegel auf der Kommode, ein vielfach zerstückeltes Bild, das Mathilda nicht sofort erfassen konnte. Ihre Mutter war dabei, ein dunkles Kleid überzustreifen, sie hielt den Oberkörper leicht nach vorn gebeugt und die Hände auf dem Rücken, um den Reißverschluss hochzuziehen, sie hatte die Zehen in den Läufer vor dem Ehebett gekrallt, der sich astartig aufwarf. Der Federkragen zitterte um ihren Hals, als sie den Kopf in einer seltsam abgehackten Bewegung zu Mathilda drehte. Sie wandte sich allerdings nicht zu Mathilda im Raum, sondern zu der Figur mit der abgeschnittenen Körperhälfte, die neben ihr im Spiegel auftauchte.

Das Kleid passt mir noch, sagte sie geistesabwesend. Kannst du mir mit dem Reißverschluss helfen?

Mathilda sah dicht vor sich den Nacken ihrer Mutter, sie roch ein Parfüm, das normalerweise nur aufgelegt wurde, wenn ihre Eltern in die Oper gingen, sie zog den Zipper mit einem Ruck nach oben, ohne Roswitha zu berühren.

In der Nacht träumte sie, dass sie heimlich das Elternschlafzimmer aufsuchte und ihre Mutter bei der Flucht überraschte. Sie hatte die Tür diesmal nicht mit Schwung geöffnet, sondern lautlos, in Zeitlupe, und niemand hatte sie bemerkt. Ihr Vater lag in seiner gewohnten Seitenlage und atmete im Tiefschlaf. Ihre Mutter hockte mit spitz aufragenden Knien auf der Fensterbank, der Fensterflügel war weit geöffnet, draußen schwangen die Birkenzweige im Wind, Wolken trieben vor dem Mond, und mit jedem Augenblick änderte sich das Licht. Roswitha, von dramatischer Beleuchtung überschauert, verschmolz mit den Wolken, mit den Vorhängen, dann wieder mit dem blinkenden Fensterglas, sie zögerte, schien zu zögern, aber dann stieß sie sich ab und segelte in die Nacht hinein, Mathilda wusste, sie flog in die Klinik zurück, was auch immer sie dort zu tun hatte, es war jedenfalls etwas, das sie dem Familienleben vorzog.

Am nächsten Morgen versteckte sie die Pudelzeichnung unter dem Teppich. Ein paar Tage später schmuggelte sie sie zwischen ihren Heften nach draußen und warf sie in einen Papierkorb im Park. Es gab etwas, das nicht berührt werden durfte. Sie wusste zu viel. Aber sie musste sich ahnungslos geben, kindlich, naiv. Sie wusste zu viel für ihr Alter, aber es sollte niemand bemerken. Insbesondere galt das für Birte. Birte war schnell beleidigt, wenn jemand etwas besser konnte als sie. Sie war oft beleidigt, denn sie schien nicht imstande, logisch zu denken. Birte war unfähig zu abstrahieren, sie konnte sich nicht von ihrem Körper lösen, die Sinne nicht vor der Welt verschließen, sie konnte ihr Ich nicht an einen anderen Ort versetzen, sie konnte nicht von sich absehen.

Mathilda flog alles zu, folglich ging es vor allem darum, Birte nicht zu betrüben. Sie ließ sie in Mathe abschreiben, verfälschte dann zum Schluss hastig ihre eigenen Ergebnisse und baute Fehler ein, damit Birte gleichauf blieb, womöglich besser war. Klassenarbeiten mit aufgestellten Federmäppchen, spitzwinklige Trennwände, die Mathilda im Laufe der Stunde unauffällig verrückte, so dass Birte freie Sicht hatte. Mathilda spähte aus den Augenwinkeln, wie weit Birte war, ob sie umblättern konnte. Aber Birte legte den Arm auf ihr Blatt, sie lehnte den gesamten Oberkörper auf den Tisch und stützte den Kopf auf, sie schirmte ihre Seite ab, so gut sie konnte. Birte machte Flüchtigkeitsfehler, sie vermochte die Zahlenreihen von Mathildas Blatt nicht immer den Aufgaben auf ihrem eigenen Zettel zuzuordnen. Mathilda malte ihre Ziffern so deutlich wie möglich, damit es Birte gelang, sie an die richtige Stelle zu übertragen, aber Birte verwechselte die Zeilen, Mathematik machte ihr Angst. Aber weil auch Mathilda nicht extrem hervorstach, weil Mathilda vielmehr alles daransetzte, auf Birtes Niveau zu bleiben, bildete Birte sich eine klare Meinung von Mathildas grundsätzlicher Durchschnittlichkeit.

Ihre Mutter hatte ihr eingeschärft, dass es angeraten war, sein Licht unter den Scheffel zu stellen, wenn man umringt war von Neidern und Skeptikern. Sich absichtlich kleinzumachen, könne man als Sünde betrachten, trotzdem bliebe Mathilda nichts anderes übrig. Roswitha hatte das nicht ausdrücklich erklärt, Mathilda entnahm solche Ratschläge ihrer Stimmung, ihrer Gereiztheit, einem bestimmten strengen Ton oder Unterton. Auch war sie imstande, Schlüsse zu ziehen, aus einem anderen, elegischen Abstand des Erinnerns auf ihre eigene Situation zu blicken, sich mit den Augen anderer zu sehen, ein fragwürdiges Wissen überfließen zu lassen in Scham.

Die Autobahn war voll. Noch kein Stau, aber sie kam nicht so schnell voran, wie sie wollte. Rücksicht nehmen, vorausschauen. Am Steuer nicht hektisch werden, unter allen Umständen besonnen bleiben, für die anderen Verkehrsteilnehmer mitdenken. Sie zwang sich, die nagende Nervosität nicht in Handlung umzusetzen.

Mathilda hatte sich selbst als korrektes Kind gesehen, sie erfüllte die Erwartungen, sie schlug nicht über die Stränge, sie war zuverlässig, vertrauenswürdig. Die Korrektheit hatte sie über all die Jahre beibehalten, nur an diesem Tag war es ihr offenbar bestimmt, gleich drei Frauen auf einmal vor den

Kopf zu stoßen. Sie hatte nicht auf Birte gewartet, sie war erheblich verspätet bei ihrer Mutter eingetroffen, und sie würde entsprechend spät zu Olivia kommen. Es war nicht ihre Schuld, dass Birte ihre Abreise, wie sie geplant gewesen war, vereitelt hatte, aber ausgerechnet Birte würde ihr übelnehmen, dass sie sie nicht noch weiter hinausgezögert hatte, dass sie nicht spontan genug war, sich auf neue Gegebenheiten einzustellen, nicht flexibel, nicht locker. Leider war auch Olivia nicht locker, Mathilda konnte ihre Ungeduld spüren, sie wusste, dass Olivia unstet durch die Hütte strich, nichts anfangen konnte, nirgendwohin gehen, denn wer begann schon eine neue Tätigkeit, wenn er jeden Augenblick Besuch erwartete.

Wachsherzen

Sie bog in den Waldweg ein, der zu Olivias Blockhaus führte.

Olivia saß auf der Treppe und rauchte. Ein Knie aufgestellt, das Kinn darauf gebettet, eine Hand um das Schienbein gelegt, das Haupt von Zweigen umrahmt, Wilder Wein, der von der Überdachung der Eingangstür herabhing. Weite Leinenhose, Lederjacke, Boots. Sie sah nicht aus wie jemand, der eine längere Wanderung durchstehen würde, sie sah aus wie jemand, der sich nach hundert Metern wild und naturverbunden auf einen Baumstamm drapierte und Fotopose einnahm. Der Kurzhaarschnitt war neu.

Olivias Blockhaus befand sich genaugenommen im Besitz ihrer Eltern, ein ehemaliges Jagd- oder Forsthaus, in dem sie sich nicht gerne allein aufhielt. Sie langweilte sich in der Einöde, sie brachte im offenen Kamin kein Feuer zustande, sie verzichtete ungern auf Komfort und fürchtete stets, dass ein Gerät, auf das sie sich angewiesen wähnte, nicht mehr funktionierte. Meist fuhr sie mit ihren Söhnen hin, die solche Dinge zu regeln wussten, sie saß die meiste Zeit am Schreibtisch unterm Dach, die Söhne schnitzten, sägten, reparierten. Dieses Wochenende verbrachten sie beim Vater.

Mathilda ließ die Fahrertür sachte einrasten. Ein Bachlauf. Ein Stapel Brennholz. Wirtschaftswege.

Wir können gleich losgehen, sagte Olivia. Die Hütte müsse noch ein wenig lüften. Sie habe versucht zu heizen und alles verqualmt.

Die Sonne schien direkt auf den Schornstein, draußen war

es wärmer als drinnen, Olivia hatte alle Fenster und Türen aufgerissen.

Ich lasse das offen stehen, sagte sie. Hier kommt niemand vorbei.

Die kritischen ersten Minuten, wenn man sich nach längerer Zeit wiedersah.

Forcierte Umarmungen, falsches Lachen, gespielte Begeisterung. Olivias Schwung, ihre ausholenden Gesten, die Großzügigkeit, mit der sie alles hinter sich ließ und sich über Mathildas Ankunft freute, die Großspurigkeit.

Die Hütte lag auf halbem Weg zwischen ihren Wohnorten. Es gelang ihnen nur selten, sich hier zu zweit zu treffen. So selten, dass es Mathilda immer schwerer fiel, Olivia wiederzuerkennen.

Sie ließ ihr Gepäck im Kofferraum, sie nahm nur eine Jacke heraus und schloss den Wagen unauffällig ab, als Olivia noch einmal in der Hütte verschwand, um Insektenspray zu holen.

Olivia hakte sich bei ihr ein und zog sie auf den Waldweg. Diese Art des Körperkontakts pflegten eigentlich nur osteuropäische Frauen. Mathilda erinnerte sich an ihre Klavierlehrerin, eine ernste Dame aus Rumänien, die sie einmal so untergehakt hatte, als sie sich viel später zufällig bei einem Konzert trafen und in der Pause ein paar Schritte gemeinsam gingen. Sie wusste nicht, wo Olivia das aufgeschnappt hatte, sie wusste auch nicht, ob ihre Freundschaft dazu passte, ob sie den Druck erwidern oder den Arm steif halten sollte. Olivia probierte manchmal Gesten aus, die sie bei anderen gesehen hatte, Gesten des Überschwangs, der ostentativen Nähe, Eisbrechergesten, und Mathilda entschloss sich, sich nicht zu versperren, und schmiegte sich an.

Sie gingen den Weg am Bach entlang, der leicht abfiel und sich durch Farne und Ahorne schlängelte.

Was war geschehen in der Zwischenzeit? Der langen Zwischenzeit seit ihrer letzten Begegnung, ließ sich das in Worte fassen, oder reichte es aus, einen Arm zu berühren, etwas inniger als notwendig, um sich rückzuversichern, dass die andere noch die Alte war.

Olivia war gereist, sie war tatsächlich in Osteuropa gewesen auf einer Tagung, zu einem Forschungsaufenthalt oder wohl eher -ausflug, zu irgendeinem Anlass, bei dem es um Wachs, Talg, Kerzen, Seife, Salzteig ging, um Bronze, um Ton. Sie war Spezialistin für Votivgaben, Sepulkralkultur. Als sie das Archäologiestudium aufnahm, hatte sie sich vorgestellt, geheime Grabkammern zu öffnen, sich vor uralten Krankheitskeimen und uralten Flüchen hüten zu müssen, sie hatte das Buch der Pyramiden, das Buch der Statuen, das der Türme und das der Treppen in »Götter, Gräber und Gelehrte« gelesen wie alle in ihrem Alter und für sich den Schluss daraus gezogen, dass sie genau diese Art von Gelehrtheit anstrebte, mit der Schaufel unterwegs auf Abenteuerurlaub. Die Ausgrabungen, an denen sie schließlich teilnahm, stellten sich als mühsame Kleinarbeit heraus (sie war nicht der Typ für ein Geduldsspiel mit Pinsel und Pinzette), und inzwischen bewältigte sie den größten Teil ihrer Forschung vom heimischen Schreibtisch aus. Manchmal wurde sie von Kirchengemeinden zu Vorträgen eingeladen oder von Bestattungsunternehmen als Coach für Hinterbliebene gebucht. In den letzten Jahren allerdings hatte sie den immer gleichen Aufsatz aktualisiert und erweitert, der sich mit Wachsplastiken eines brennenden Herzens befasste und sie vornehmlich zu Wallfahrtsorten in Süddeutschland und Österreich geführt hatte. Ganze Kapellen, über und über mit wächsernen Herzen zugehängt, rote Herzen mit Flammen, die im Flackern ein für alle Mal stillgestellt blieben, die also brannten für diesen einen kurzen Moment und die ganze Ewigkeit. Sie beschäftigte sich mit der Zeitauffassung, die in diesen Artefakten zum Ausdruck kam, mit dem Körperbild und dem Verständnis von Heil und Heilung.

Jetzt hatte sie in Bulgarien Höhlenklöster besichtigt, Grotten, in denen täuschend lebensähnliche Beinattrappen baumelten, und Ikonen, umrahmt von einzelnen Brüsten aus Blech. Stilisierte Augen, Miniaturen von Wickelkindern, von Vieh.

Mathilda ging schweigend neben ihr durch die Farne, sie nickte nur und genoss es, dass Olivia in ihren Erlebnissen schwelgte. Das hatte ihr an dieser Frau gleich gefallen: dass sie begeisterungsfähig war und dass diese Begeisterung lange anhielt.

Die Söhne seien in der Zeit ihrer Abwesenheit beim Vater geblieben, sagte Olivia, und es war nicht einfach gewesen, sie an diesem Wochenende schon wieder dort zu lassen. Vor allem, sagte sie, weil es den Söhnen dort zu gut gefiel, sie konnten tun und lassen, was sie wollten, sie bekam sie danach kaum noch in den Griff. Aber sie habe Mathilda vermisst, es sei ihr wichtig gewesen, endlich einmal wieder mit ihr allein zu sein.

Mathilda zuckte leicht zusammen, als Olivia »vermisst« sagte. Das war im Rahmen ihrer Bekanntschaft dann doch etwas stark, und vor allem hatte sie dergleichen an diesem Tag schon einmal gehört. Sonst wollte niemand etwas von ihr wissen, und plötzlich suchten alle ihre Nähe?

Mathilda ihrerseits konnte nicht behaupten, dass sie Olivia vermisst hatte. Sie hatte nichts dagegen, sie gelegentlich zu sehen, aber sie wäre an diesem Wochenende auch ohne weiteres allein zu Hause geblieben.

Sie hatten sich in der Zeit des Studiums kennengelernt, seitdem hielten sie lose Kontakt, und Mathilda gab sich Mühe, diesen Kontakt zu pflegen, wie es sich gehörte, damit sie, wie all ihre Kolleginnen, von einem Freundeskreis sprechen konnte, der ihr eignete, zu dem sie gehörte. Sie selbst sah sich lieber als Einzelwesen, nicht als Teil einer Gruppe, aber sie scharte pflichtschuldig Leute um sich, sie verabredete sich, war umtriebig, denn es erzeugte nur Misstrauen, wenn man sich dem üblichen Sozialleben entzog.

Olivia wanderte sehr gemächlich, blieb hier und da stehen, rollte sich ein Farnblatt um den Finger und wickelte es in Zeitlupe wieder ab.

Neben ihnen rauschte der Bach, rauschte unablässig und vertraulich, Mathilda ließ dieses Rauschen durch sich hindurchgleiten, es linderte ihre Dünnhäutigkeit. Irgendwann bog der Weg ab, und sie hörten nur noch das Rauschen des Waldes.

Als sie zur Hütte zurückkamen, wurde es bereits dunkel. Alle Fenster standen noch offen. Die Tür war zugefallen.

Ein Windstoß, dachte Mathilda, wollte sie denken, aber als Olivia die Veranda betrat und sich anschickte, hineinzugehen, blieb sie zurück und holte mit unbehaglichem Gefühl ihre Sachen aus dem Auto.

In der Hütte roch es nach Rauch und Feuchtigkeit, schon in wenigen Sekunden würde alles, was sie an sich trug, ebenso riechen. Sie trat vorsichtig über die Schwelle, der Holzboden knarrte; dann hörte sie Stimmen aus der Küche.

Olivia hatte sich einen Stuhl herangezogen. Birte stand am Tisch und bündelte irgendwelche Kräuter.

Mathilda hoffte für einen Moment, nur eine Vision vor sich zu haben. Aber Birte war es wirklich.

Wie sie hergekommen sei? Per Anhalter?

Jemand hat mich gefahren, sagte sie vage.

Birte besaß die Fähigkeit, wildfremde Leute auf der Straße zu treffen und für ihre Zwecke einzuspannen. Früher hatte sie aus dem Nichts dienstbare junge Männer aufgegabelt; und sie ihrerseits zeigte eine beeindruckende Furchtlosigkeit, sich von

Unbekannten mitnehmen, provisorisch unterbringen, verpflegen, chauffieren zu lassen.

Jemand hatte sie gefahren. Und jetzt war sie da.

Sie hatte schon begonnen, das Abendessen vorzubereiten. Die alte Rollenaufteilung. Olivia kochte nicht gern, und auch Mathilda hatte nichts dagegen, sich an den gedeckten Tisch zu setzen. Es hatten früher häufiger Zusammenkünfte in der Hütte stattgefunden, in unterschiedlichsten Personenkonstellationen, und Mathilda erriet aus Birtes Selbstverständlichkeit, dass sie sich hier öfter aufgehalten hatte, als Mathilda bewusst war.

Es hat sich völlig verändert hier, meinte sie mit dem Rücken zu ihnen beiden, während sie im Schrank die Vorräte prüfte. Überall Tannenbaumplantagen, es gibt kaum noch richtigen Wald. Hast du irgendwo Vollkornmehl?

Olivia deutete auf ein Bord, wo sie frisches Gemüse und andere Einkäufe achtlos hingestapelt hatte. Sie saß rittlings auf dem Stuhl, ließ die Arme über die Lehne hängen und stieg sofort auf das Thema Tannenbaumplantagen ein. Warum die überhandnahmen in der Gegend. Kleine Kulturgeschichte des Tannenbaums.

Mathilda stand noch immer in der Tür, sie hörte nicht heraus, ob Olivia über die Ankunft von Birte verärgert oder zumindest überrascht war. Sie trug ihr Gepäck ins obere Stockwerk und öffnete die Tür zu dem Zimmer, in dem sie für gewöhnlich schlief. Das Bett war frisch bezogen; Birtes Korbtasche stand darauf, ein paar Kleidungsstücke hingen über dem Fußende.

Es gab ausreichend Schlafzimmer, sie holte sich einen Satz Wäsche aus der Truhe im Flur und nahm die Kammer gegenüber mit dem Blick in die Baumkronen, mit dem lindgrünen Wandanstrich, dem klobigen Schreibtisch des Försters.

Unten waren Birte und Olivia immer noch mit Tannenbäumen beschäftigt, inzwischen mit der Art des Schmucks. Olivia schwärmte von den alten bemalten Glasengeln aus dem Familienbesitz, den zerbrechlichen silbrigen Zapfen in den schiefen Pappschachteln und den Rauschgoldnüssen, die ihre Urgroßmutter noch selbst gebastelt hatte und die inzwischen dunkel patiniert waren, was die Historizität sämtlicher Teile wunderbar unterstrich.

Birte schnitt einen biologisch angebauten Kürbis und konterte mit Zuckerwerk. Sie besaßen seit Generationen eine hölzerne Model, mit der sie jedes Jahr aufs Neue essbaren Baumbehang formten, Tiere, Sterne, verzierte Herzen, Füllhörner. Die Plätzchen, weiß und elegant wie der Eischnee, aus dem sie gemacht wurden, hingen zurückhaltend im Baum und schimmerten geheimnisvoll im Schein der Bienenwachskerzen. Wenn sie nach und nach verzehrt wurden, waren sie mit dem Duft von Wachs und Harz getränkt.

Mathilda nahm sich unschlüssig einen Stuhl. Sie hatte zu der Unterhaltung nichts beizutragen, ihre Eltern verwendeten normale rote Kugeln und eine elektrische Lichterschnur. Sie selbst stellte keinen Baum auf. Man tat das für seine Kinder.

Birte deckte den Tisch mit Olivias Geschirr und führte Äpfel in Schellack ins Feld. Ein glänzender Mantel, sagte sie. Gewachste Äpfel seien im Grunde schon Schmuck genug. Sie hielten auch ewig, schrumpelten nicht. Olivia nahm den Ball auf und kam mit Paradiesäpfeln. Sie sah zufrieden aus. Sie war in die Breite gegangen, der Stuhl schnitt ins Fleisch ein, das seitlich überhing.

Birte briet Gemüse und Tofuschnitzel, sie holte einen Kürbiskuchen aus dem Ofen, Pumpkin Pie, sagte sie dazu und erklärte umständlich das Rezept, um davon abzulenken, dass sie selbst nichts aß. Olivia schien es nicht zu bemerken.

Mathilda zog sich früh zurück. Sie hörte von unten Olivias Lachen und Birtes Tellerklappern, es gab eine Ebene, auf der sich die beiden einig waren. Es gab Rituale, die sie nicht verstand, eine Freizügigkeit oder Gelöstheit, die in ihrer Familie nicht gegolten hatte und die sie sich auch in ihrem Berufsumfeld nicht anzueignen vermochte.

Sie fühlte sich schuldig, weil sie nicht auf Birte gewartet hatte. Aber Birte hatte dies mit keinem Wort erwähnt. Sie fühlte sich schuldig, weil sie Birte gewissermaßen eingeladen hatte, ohne Olivia auch nur zu fragen, aber Olivia schien damit kein Problem zu haben. Es wurde nichts begründet, es wurde nichts erklärt, niemand musste sich für etwas rechtfertigen, die Dinge liefen ab, und man öffnete sich für unerwartete Situationen. Man war insgeheim auf alles eingestellt. Man hatte Möglichkeiten, man hatte Platz.

Sie pfefferte die Chinakladde auf den Försterschreibtisch, griff nach dem Kugelschreiber wie nach einem Dolch, öffnete das Heft und traktierte die Seite mit Stichen, Stößen. Sie fabrizierte Punkte, die das Papier nicht durchdrangen, harmlose Punkte, die kaum Farbe aufwiesen in den Vertiefungen, Punkte, die in einen unbeherrschten, winzigen Zipfel ausliefen. Hilflosigkeit gegenüber der eigenen Handschrift – keine Linie ziehen können ohne Lineal, den eigenen Schwung fortwährend bremsen, von Anfang an misstrauisch gegenüber der fahrigen Motorik – sie war kein ängstlicher Typ, sie war es gewöhnt, sich Herausforderungen zu stellen, sich zu konfrontieren, aber sie sah sich nicht imstande, einen Satz in Schreibschrift zu Papier zu bringen. Als hätte sie stets etwas zu verbergen, wie Raben, die sich beobachtet fühlen beim Futterverstecken und heimtückisch Steine vergraben, sobald jemand zusieht.

Sie hatte niemals gelernt, mit Füllfederhalter zu schreiben, weil sie zu stark aufdrückte. Nachdem die zweite Feder unrettbar verbogen war, rührte sie den dritten Füller nicht mehr an, sie nahm einen Kugelschreiber, und dabei war es geblieben. Die durchgepausten Zeilen, die Blindschrift auf der folgenden Seite, die Löcher im Papier, wenn der Untergrund nicht gleichmäßig standhielt – sie konnte seltsamerweise gut zeichnen, hier erfasste sie mit einem Blick die Proportionen; bei einem einfachen Buchstaben wie dem T gelang es ihr nicht, eine überzeugende Lösung für das Verhältnis der beiden Striche zu finden. T-Striche, die zu niedrig saßen, weil sie Angst hatte abzusetzen, Striche, die frei in der Luft schwebten, Angst vor Verbindungslinien, Auf- und Abstrichen, sie ertrug die losen Enden nicht, am liebsten hätte sie auch zwischen den Wörtern keinen Platz gelassen, eine einzige durchgehende Linie, um nicht den Anschluss zu verpassen, nicht plötzlich allein dazustehen nach einem Aufschwung, einer übermäßig geratenen Oberlänge, und aus dieser Höhe nie wieder wegzukommen.

Sie betonte die Grundlinie, den Durchschnitt, das Mittelmaß, sie tat alles, um nicht übers Ziel hinauszuschießen, aber was war beim Schreiben überhaupt das Ziel? Ausrichtung des Satzes zum Ende hin, gefällige Neigung der einzelnen Buchstaben, Verteilung der Wörter auf der Seite, viel oder wenig Rand, Zeilenabstand, dass sich Oben und Unten nicht ins Gehege kamen, Rundung und Zackigkeit, Formbewusstsein – mit der Handschrift stand die gesamte Körperspannung auf dem Papier. Ihr Aufwand stand in keinem Verhältnis zum Ergebnis. Sie verbrauchte für die angestrengte Zurückhaltung unendlich viel Kraft.

Sie kritzelte an einem neuen Knäuel, sie drückte auf, so fest sie konnte.

Sie war schon eingeschlafen, als Olivia die Tür aufzog, langsam und knarrend. Das Haus war ganz aus Holz, jede Verlagerung des Körpergewichts wurde von den alten Balken aufgenommen und in erstaunlich laute Geräusche umgesetzt. Schläfst du schon?, flüsterte sie.

Mathilda richtete sich halb auf, ein Gespenst mit weißem Nachthemd, wirrem Haar. Sie war unglaublich müde und nur halb bei Bewusstsein. Olivia setzte sich zu ihr auf die Bettkante und flüsterte etwas, was Mathilda nicht verstand. Mathilda schüttelte den Kopf und sank ergeben zurück in die Kissen.

Wir müssen leise sein, damit Birte nicht aufwacht, flüsterte Olivia ihr ins Ohr, und dann legte sie sich neben sie, damit sie bequem so weiterflüstern konnte.

Klassenfahrtmäßig, dachte Mathilda angewidert, aber sie musste vor sich selbst einräumen, dass Olivia sich auf ein Wochenende mit ihr allein eingestellt hatte, und wenn sie ihr etwas Persönliches anvertrauen wollte, dann war die Gelegenheit dazu nur jetzt. Am Telefon konnte Olivia nichts Ernstes besprechen, sie benötigte mehrere Stunden Anlauf, um von den alltäglichen Belanglosigkeiten endlich auf den Punkt zu kommen.

Was war das Problem? Die Jungen wollten zum Vater. Nicht nur an diesem Wochenende, sondern grundsätzlich. Ihre eigenen Söhne, noch längst nicht volljährig, verließen sie. Eigentlich war sie froh darüber. Sie fand das Zusammenleben mit ihnen anstrengend, die Rolle der alleinerziehenden Mutter eine gesellschaftspolitische Zumutung, die Söhne terrorisierten sie mit ständig neuen Wünschen, und sie fand keine Zeit mehr zum Arbeiten. Dennoch wollte sie nicht nachgeben, denn dem Exmann gegenüber wäre das der Beweis, dass mit ihr kein Auskommen sei. Man nicht mit ihr zusammenleben könne. Nicht einmal die eigenen Kinder. Das kränke sie natürlich, das müsse sie sich nicht gefallen lassen.

Die Söhne warfen ihr Distanzlosigkeit vor, sie fühlten sich vereinnahmt und instrumentalisiert, behaupteten sie, Ausdrücke, die der Vater ihnen eingeimpft haben musste, zumal es sich um die identischen Vorwürfe handele, die er selbst damals vorgebracht hatte.

Mathilda lag still und lauschte auf die Geräusche, das Knacken im Holz, die nagenden Mäuse, das Huschen über die Balken, das Knarzen im Korridor. Jemand schlich an der Tür vorüber zum Bad.

Ihre Freundschaft zu Olivia war dergestalt, dass sie, Mathilda, bestätigend auf sie einwirkte, sie ermutigte, nicht kritisierte. Im Interesse der Söhne war es auch nicht leicht, hier einen Rat zu finden, sie kannte den Exmann, es war eine Entscheidung zwischen Skylla und Charybdis.

Bevor sie sich äußern konnte, trat Birte ein.

Ist euch auch so kalt? Kann ich mich zu euch legen?

Mathilda rückte dicht an die Wand. Ihr war nicht direkt kalt, aber sie fröstelte bei der Vorstellung, auf diese Weise die ganze Nacht zu verbringen. Birte stieg über Olivia hinweg und drückte sich zwischen sie. Birtes Schulter, Birtes Hüfte. Klassenfahrtmäßig, dache Mathilda erneut, dann verfiel sie in eine resignierte Starre und tat so, als sei sie von einem Moment auf den andern fest eingeschlafen. Sie wartete darauf, dass die beiden gleichmäßig atmeten, um sich dann millimeterweise aus der Daunendecke zu schälen, alle Bewegungen in Zeitlupe, um das Bettgestell nicht zu erschüttern, vorsichtig wie ein Mikadostab, der sich seinen Weg unter den anderen Stäben hinwegbahnt. Sie hatte das Fenster weit offen gelassen, des Rauches wegen, der immer noch in allen Räumen hing, aber auch des Waldes wegen, und sie wunderte sich jetzt, dass Birte das nicht bemängelt hatte, denn tatsächlich strömte von draußen die nächtliche Kälte herein, das Rauschen und Beben des Waldes.

Mathilda stützte sich auf das Fensterbrett. Wind fuhr durch die schwarzen Baumkronen, die Wipfel bogen sich, es roch schwach nach modrigem Laub und feuchten Pilzen, aber dann wurde ihr klar, dass sie sich die Pilze nur einbildete, der Wind roch nach nichts. Die Bewegungen nur zu ahnen, Eschen, die mitschwangen mit den Enden der biegsamen Äste, Hainbuchen, die nachgaben, ausglichen, Bergahorn, der zurückwich wie ein im Innern getroffenes Mädchen beim Ansturm der Hölle, Erlen, die den Ansturm in sich einschlossen, nur das äußerste Blattwerk erzittern ließen, Blätter gleichwohl, die umklappten, helle Rückseiten entblößten, Stieleichen, die wogten wie Salzwasser mit darin gleitendem Tang, ein Windstoß warf ihr Haar in die Höhe, sie spürte es flattern, von oben sah sie die Tannenplantagen, über die Birte gesprochen hatte, ein vollkommen regelmäßiges Punktmuster, durchzogen von Karos aus Forstwegen, während der Mischwald als undurchdringliche Masse die einzelnen Bäume ununterscheidbar ließ. An der Talsperre sank sie tiefer, glitt über die Wasseroberfläche hinweg, es war dunkler als in der Stadt, aber hell genug, um ihr Gesicht im Wasser gespiegelt zu sehen, es war ein Moment, in dem der Wind nachließ, das Wasser zurückschwappte, glatt dalag, und ihr Gesicht seltsam wiegend hervortrat, scharfe Nase, glänzende Augen, umrahmt von den offenen Haaren, der restliche Körper blieb unbestimmt, ein endloser Hintergrund, der von ihren Schultern ausging und dunkel mit dem Nachthimmel verschmolz.

Als sie erwachte, waren die beiden anderen schon unten beim Frühstück. Die Duschwanne nass, das Handtuch, das sie sich aufgehängt hatte, schon benutzt, sie hatte nichts von all den Anstalten bemerkt, die in der hellhörigen Hütte bereits stattgefunden hatten. Sie stieg die Treppe hinunter und setzte sich mit an den Tisch, belegte ihr Brot mit einer Scheibe Bärlauchgouda, die sie sich in Rauten und Trapeze zurechtschnitt wie Teile eines Tangramspiels, damit sie exakt passte. Sie balancierte ein Dreieck auf dem Messer, das Dreieck war überzählig.

Birte und Olivia hatten ihr Gespräch unterbrochen, sie sahen zu, wie Mathilda hantierte.

Habt ihr auch manchmal Flugträume, sagte Mathilda in die Stille. Sie spürte den Blick, den die beiden wechselten, und sofort bereute sie es, eine solche Vorlage zu liefern. Sie fuhr besser damit, sich den Themen der anderen anzupassen, zuzuhören, zu nicken, zu beschwichtigen.

Birte rührte unentwegt in ihrem Müsli, die Milch war ihr zu kalt, schließlich kippte sie alles in ein Töpfchen und stellte es auf den Herd. Hier rührte sie weiter, Mathilda kniff unwillkürlich die Augen zusammen, wenn der Löffel über das Metall fuhr. Sie hatte nicht gut geschlafen, sie war überreizt.

Ich fliege oft, sagte Birte. Ich träume von Hochhäusern, ich stehe oben auf dem Dach und stürze mich hinab, aber ich komme nie unten an. Ich werde weggerissen, von einer Art Orkan, und ich lande irgendwo anders, in einem anderen Land, weit weg jedenfalls, es ist anstrengend, dann wieder nach Hause zu finden.

Genaugenommen ist das wohl ein Falltraum, sagte Olivia, und Mathilda fiel der herrische Unterton auf, den sie an Olivia wahrnahm, wenn diese sich in die Enge getrieben fühlte. Dazu reichte eine Kleinigkeit, ein falsches Wort, von dem sie sich ausgebremst fühlte, und sei es nur, dass man ihren Gedankengang kurz unterbrach.

Sie setze regelmäßig zum Fliegen an, verkündete Olivia, sie werde gewöhnlich verfolgt, sie flüchte vor ihren Verfolgern auf einer langen Straße und versuche, sich in die Luft zu erheben, aber mehr als zwei Meter Abstand vom Boden schaffe sie nicht. Sie sei für die Verfolger immer noch erreichbar, und meist sacke sie auch zu schnell wieder ab, dann wache sie auf, schweißgebadet, nicht so sehr aus Angst, sondern vor Anstrengung.

Birte kratzte das Müsli aus dem Topf, Olivia stellte ihre Kaffeetasse zusammen mit der Untertasse auf den Teller, eine Geste, die Mathilda auf die Nerven ging, schön, Olivia hatte ihre Mahlzeit beendet, Olivia überlistete sich selbst, weil ihr Teller jetzt außer Funktion war, gleich würde sie ihr Gedeck einzeln zur Spülmaschine tragen, den Rest Birte überlassen. Überflüssige Wege, die bisher unbefleckte Untertasse jetzt auf der Unterseite klebrig vom Honigsee auf Olivias Teller – eine Haushälterin würde ihre Konflikte mit den Söhnen wahrscheinlich zum größten Teil lösen.

Die schrägen Strahlen der Herbstsonne fanden den Weg durch die Fensteröffnungen, knisterten über die Tischplatte, kratzten über Mathildas Gesicht. Plötzlich sehnte sie sich nach wolkenverhangenen Gipfeln, nach Nieselregen, feinen Tropfen, die von den Blättern fielen und das Moos mit einem glitzernden Schleier überzogen. Die Vergänglichkeit kontemplieren, sich in die Feuchtigkeit hineinfinden, verschmelzen mit den zarten Nuancen von Nebeln und Wind. Aber sie befanden sich im heißesten Jahr seit Beginn der Wetteraufzeichnungen, ein Tief war nicht in Sicht, es war ein Jahr, in dem die Tiefdruckgebiete Frauennamen trugen, Charlotte, Flora, Hildegunde, Wanja, Xanthippe, und sie stellte sich vor, wie das Tief Mathilda über diese Gegend hereinbrechen würde, mit Hagelschlag, Sturm und Orkanböen, wie es die Tannenbäume aus ihrer Schonung reißen und die Wasser aufwühlen, blanke Säulen aus Niederschlag auftürmen würde, anschwellende Flüsse, die über die Ufer traten, Gebirgsbäche, die ganze Felsen mit sich rissen, das alles, um der Ignoranz etwas entgegenzusetzen, dem müde hängenden Laub, den trockenen braunen Gräsern, den kahlen und mürben Ästen, einen Ausgleich zu schaffen zur Dürre, die schon in die tieferen Bodenschichten vorgedrungen war.

Bevor sie aufbrachen, stieg Mathilda noch einmal die Treppe zu ihrer Schlafkammer hinauf. Nach ihrem Traumleben hatte niemand gefragt. Überhaupt versackten die Gespräche zu dritt, ihr selbst fiel es schwer, sich auf zwei Personen gleichzeitig einzustellen, sie kam sich sperrig vor, unbeholfen, gereizt.

Auf dem Försterschreibtisch lag aufgeschlagen die Chinakladde und zeigte ein Gewirr aus Kulistrichen. Sie meinte sich zu erinnern, dass sie das Heft abends zugeschlagen, dass sie es sogar unter ihr Kopfkissen geschoben hatte, aber sie war sich jetzt nicht mehr sicher.

Sie schob die Kladde in ihren Wanderrucksack, er enthielt einen warmen Pullover, eine Wasserflasche, eine Landkarte, die die beiden anderen in höchstem Maße altmodisch fanden, an der sie aber festhielt, weil Papier im Notfall beständiger war als die Akkuleistung eines jeden GPS-fähigen Geräts.

Herbstwanderung!, verkündete Olivia enthusiastisch. Wir nehmen nichts mit, wir kehren unterwegs ein. Teilweise steile Anstiege. Jedes Gepäckstück hindert da nur.

Das ist unvernünftig, wollte Mathilda sagen, aber dann behielt sie es für sich. Sie würden sowieso nicht weit kommen, maximal bis zur nächsten Gaststätte. Sie steckte eine weitere Flasche für Olivia ein, sie nahm unauffällig zwei Packungen Cashewkerne vom Lebensmittelstapel auf dem Regal, sie hütete sich, Olivia zu einer Jacke zu raten, weil Olivia sich T-Shirt-Wetter in den Kopf gesetzt hatte.

Birte ignorierte die Anweisungen ohnehin, kramte in ihrer Basttasche, schnallte ihre Sandalen ein Loch enger, sie würde alles, was sie dabeihatte, unterwegs mit sich tragen.

Zu dritt gingen sie nebeneinander auf dem Forstweg, Olivia in der linken Reifenspur, Birte in der Mitte im halbhohen Gras. Als der Wanderweg abzweigte, schmaler wurde und anstieg, lief Birte voraus, sie schritt leichtfüßig aus in ihren Gesundheitssandalen, Olivia fiel sofort zurück, der Abstand zu beiden wurde zusehends größer, und Mathilda hielt sich zwischen ihnen, ein zähgrauer Kleister, dachte sie, der die Verbindung wahrt. Sie wusste nicht, ob sie versuchen sollte, zu Birte aufzuschließen und sie dazu zu bewegen, die Wanderung etwas geruhsamer anzugehen, damit Olivia nicht gleich die Lust verlor, oder ob sie sich besser zurückfallen ließ, um mit Olivia den gemütlichen Spaziergang vom Vorabend wiederaufzunehmen.

Man musste, sagte sie sich, bei dieser Tour Abstriche machen. Bei jedem Schritt raschelten knochenharte Nadeln, Ästchen zerknackten unter ihren Sohlen, das Laub hing schlaff am Stiel und bekam braune Ränder. Ein pathetischer Singsang in der Luft. Knisternde Kronen. Flüsternder Wind. Mathilda ging bis zum nächsten Kreuzweg und entschloss sich zu warten. Ein Funke, und der ganze Wald würde in Flammen aufgehen, die Höhenlinien des Mittelgebirges, der rotgestrichelte Wanderpfad, die sattgrünen Flächen auf der Karte. Der Wald würde in Flammen aufgehen wie ein altes, zerknittertes Papier.

Wir treten hinaus aus der Tiefe
der Wälder, wir treten hinaus aus den Schatten,
ins Licht. Verdorrt sind die Gräser, vertrocknet
das Unterholz, Zunder für jenen künftigen Funken.
Alno-Ulmion: Ich schwang mich auf
aus der Hartholzaue, den Erlen und Eschen im Flusstal,
Alnus glutinosa, Fraxinus excelsior,
glitt durch die Ahorngesellschaften, Schuppendornfarn-
Bergahorn-Blockschuttwald, stieg
durch die Rotbuchenwälder, Fagion sylvaticae,
stürmte durch Hainsimsen-Fichten-Tannenwald
hoch auf die Lichtung. Ich blickte zurück

auf den Birken-Bruchwald (Betulion pubescensis) und auf
Salicion albae, den Silberweidenwald,
ich besah mir die Zopftrocknis der Erlen (vom Wipfel her),
sah auf das Eschensterben, die Ahornkrankheit –
wer ist der Verursacher? Niemand.
(Nur wir, die wir geifernd und unbeherrscht Funken
sprühen aus heiligem Zorn und gleichzeitig Winde bringen,
die Flamme zu nähren, dunkle und unheilvolle,
dahinrasend, jagend und tosend.)
Vermisst jemand Ulmen? Wer kennt noch die Esche, wer weiß
ihren Habitus zu unterscheiden, wer spräche denn noch
von den Zapfen der Schwarzerle und den geflügelten Samen
des Ahorns. Ich sehe bereits den flammenden Wald,
die Färbung des Herbstes, hochaufschlagend,
sehe die Wälder als brennende Herzen
und fühle den Frevel in meiner eigenen Brust.

Flammenblick

Mathilda wartete auf dem breiten Forstweg, sie hörte Olivias schweren Atem und ihre Schritte ein Stück tiefer im Wald.

Bisher war sie von der Wanderung enttäuscht. Kein Nachtfrost und kein Frühnebel, kein wehmütiges Dahinsinken in der Leere der Landschaft, es kam überhaupt keine Herbststimmung auf. Andere wanderten auf dem Großen Ahornboden im Karwendelgebirge, um die knorrigen, 500 Jahre alten Bäume und ihr nachtgelbes Laub zu bewundern, die erschütternde Färbung, das pure Gold gegen einen Hintergrund aus blauen Bergen. Sie hingegen waren von Nadelwald umgeben, von spitzen Kegeln mit braunstarrenden Zweigen, von Nachkriegsfichten, mit denen nach den verheerenden Reparationseinschlägen die Löcher im Wald gestopft worden waren.

Olivia brach aus dem Unterholz und ließ sich auf einen Baumstumpf fallen.

Großartiges Wetter, schwärmte sie und wischte sich den Schweiß von der Stirn. Sie sei froh, dass man sich noch einmal zu dieser Unternehmung zusammengefunden habe. Der Wald jetzt am schönsten, klare Sicht, Altweibersommer eben.

Von hier war die Aussicht allerdings miserabel, man blickte direkt auf drei braune Fichten, die den Borkenkäferbefall nicht überstanden hatten. Mathilda mochte die immerstaubigen Nadeln nicht, auch nicht die aggressive Dreiecksform der Silhouette. Sie rückte unruhig hin und her. Birte war inzwischen weit voraus, sollte man nicht losgehen, um sie einzuholen?

Gleich, sagte Olivia, stützte sich hinten am Stamm ab, wölbte die Brust und schob das Gesicht in einen Sonnenfleck.

Wir lassen uns nicht hetzen, befand sie. Es sei ohnehin nicht möglich, sich nach Birte zu richten, Birte wisse ja, wohin sie unterwegs seien, sie wandere dann eben voraus.

Neben dem Stumpf hatte jemand eine Schnapsflasche zertrümmert. Die Scherben lagen verstreut zwischen den trockenen Nadeln; noch befanden sie sich im Schatten. War das nicht die Situation, vor der immer gewarnt wurde? Eine Scherbe als Brennglas, und ein einziger Sonnenstrahl genügte. Idealerweise mussten die Scherben geschichtet liegen, damit ein Effekt eintrat. Noch besser, so warnte sie ihre Schüler auf jedem Wandertag, funktionierte eine intakte Flasche voll Wasser.

Sie fixierte die größte der Scherben mit dem Blick, sie versuchte, ihr ein Funkeln zu entlocken, indem sie sich stark konzentrierte, und tatsächlich leuchtete die Scherbe auf, der Sonnenstrahl traf sie, der soeben noch Olivias Gesicht beschienen hatte, ein Blitzen aus dem Schattenfeld heraus, ein schneidender Glast.

Warum zeigen wir eigentlich so viel Nachsicht gegenüber Birte?, fragte Olivia, als sie endlich weitergingen. Woher wusste sie überhaupt, dass wir uns treffen?

Und Mathilda erzählte knapp, wie Birte am frühen Morgen zu ihr gekommen und wie sie sie nicht mehr losgeworden war. Birtes Motivation, sich ihr anzuschließen, war ihr allerdings ein Rätsel geblieben.

Ihre eigene Tochter habe sich mit dem Messer in der Hand gegen sie gewandt, berichtete Olivia. Birte habe dem Matrizid durch besänftigendes Gemurmel und vorsichtigen Rückzug gerade noch entgehen können, genaugenommen sei sie auf der Flucht. Sie wage sich nicht mehr nach Hause zurück, sie müsse so verhindern, dass die Tochter sich ins Unglück stürze, sie vermöge sie aber auch nicht in die Schranken zu weisen, schon gar nicht Außenstehende einzuschalten, sie wolle ihr alle Probleme ersparen.

Das ist lächerlich, sagte Mathilda, das ist grotesk. Das ist unglaublich. Das kann nicht wahr sein.

Vielleicht übertreibt sie, sagte Olivia leichthin. Sie müsste der Tochter ja sonst einen Grund liefern, sich so zu verhalten.

Mathilda ging unwillkürlich schneller. Sie sah sofort Birtes knochige Gestalt in jedem dürren Gehölz, in den langfingrigen Zweigen der Büsche, in den starr nach oben strebenden und doch gebückt wirkenden Stämmen, sie sah die beuligen, oft verschorften Knie, sie erwartete, dass Birte ihnen jeden Moment entgegentrat, in Rinde gehüllt, mit entsprechend gehemmten, zaghafteren Schritten.

Wie weit ist es noch bis zur Gaststätte?, fragte sie unruhig. Aber Olivia konnte es nicht sagen.

In einer grasbewachsenen Senke lief der Pfad aus, und sie gingen quer über die Wiese. Olivia hielt auf einen Betonverschlag am Rand zu, der von Gebüsch überwuchert war.

Es ist offen!, strahlte Olivia. Die Höhle ist offen!

Der verrammelte Eingang war aufgebrochen, die Eisentür nur angelehnt. Auf dem befestigten Boden davor die üblichen Flaschenscherben.

Das ist die Gelegenheit, befand Olivia. Normalerweise kommt man dort nicht hinein. Ich gehe vor!

Mit überraschender Gewandtheit schlängelte sie sich durch den Spalt und verschwand im Gang. Kurz darauf sah Mathilda, wie es drinnen aufleuchtete. Olivia hatte die Taschenlampe ihres Mobiltelefons eingeschaltet. Mathilda schob die Tür ein Stück weiter auf und folgte dem Schimmer. Der Gang war eng. Mathilda berührte die Wände nicht, aber Olivia hatte wohl gerade noch hindurchgepasst. Mathilda atmete tiefer ein, ihr war unbehaglich unter der Erde, die Brust schnürte sich zu, außerdem konnte sie kaum etwas erkennen, nur den schwachen Widerschein auf dem düsteren Gestein. Sie bog ab, der Gang weitete sich, aber sie musste sich bücken, weil Stalaktiten von der Decke hingen. Olivia stand schon in dem, was Mathilda als eigentliche Höhle begriff, sie stand im feuchten Glanz der Tropfsteine, drehte sich um sich selbst und ließ die Lampe über die Säulen, Zapfen, Spitzen wandern, kalkige Gebilde, die jetzt trügerisch eine geheimnisvolle Unterwelt versprachen, aber an der Luft, im Tageslicht sofort unansehnlich würden, Klischees ihrer selbst. Der Eingang, durch den sie gekommen waren, verschwand im Dunkel, sie waren eingeschlossen wie in einer Glaskugel, einer Schneekugel, in der es allerdings nicht schneite, sondern eher regnete, glitzernde Partikel, Flitter, fortwährend schien es von oben herabzurieseln, hin und wieder war ein Tropfen zu hören, sie selbst im Mittelpunkt dieses Funkelns und Flimmerns. Dann erschien in Olivias Licht ein stumpfes Bündel, es glänzte nicht, es schluckte jedwedes Schimmern tief in sich auf, lappig, behaart. Eine ganze Gruppe Fledermäuse, eng zusammengekauert, hing oben hinter einem Vorsprung, Mathilda trat vorsichtig näher heran.

Bleib mal hier mit dem Licht, sagte sie gedämpft. Die Fledermäuse hingen in Höhe ihres Gesichts, noch nie hatte sie diese Tiere aus so geringer Entfernung betrachten können, jedenfalls nicht in Ruhe.

Die langen Ohren nach unten, das Maul leicht geöffnet, so dass die vordere Zahnreihe zu sehen war, der Bauch heller als die Flughaut, die den kleinen Körper zu den Seiten abschirmte, alles in allem der erschreckende Kontrast von flauschigem Fell und sperrigen, nur dünn bedeckten Knochen. Diese Knochen, die verlängerten Finger der Flugarme, befanden sich bei allen anderen Säugetieren im Inneren des Fleisches, und erst wenn dieses Fleisch abfiel, verfaulte, traten sie hervor. Hier zeigten sie sich schon beim lebendigen Tier, das in seiner Schlafstarre wiederum tot wirkte, ein ambivalentes Wesen aus einem Zwischenreich, es war kein Wunder, dass es als unheimlich galt.

Die ersten Fledermäuse begannen sich zu regen, sie erwachten aus ihrer Starre, lass uns gehen, sagte Mathilda, aber sie selbst rührte sich nicht vom Fleck, sie studierte einen weich bepelzten Kopf, eine samtige Nase, die matten Lider. Olivia hielt folgsam die Lampe. Dann öffnete die Fledermaus ein Knopfauge, lochschwarz.

Die Traube aus Haut und Fell wurde unruhig, ein Tier riss sein Maul weit auf, zeigte den Schlund, lass uns gehen, sagte Mathilda noch einmal, wir stören sie.

Sie bewegte sich vorsichtig rückwärts, aber Olivia hatte der Eifer gepackt, sie wollte weiter, ein Gangsystem, behauptet sie, nicht zugänglich für die Öffentlichkeit, jetzt oder nie.

Ich warte draußen am Eingang, sagte Mathilda und tastete sich blind durch den schmalen Gang, während das Licht von Olivias Lampe schon verschwunden war. Auf einmal schien es nicht weiterzugehen, sie wurde hektisch, unter den Handflächen der kalte Stein, dann eine Wendung, eine Lücke, weiter hinten der Ausgang, sie waren nicht besonders tief in die Höhle eingedrungen, dennoch pochte ihr Puls, als sie sich durch den Türspalt ins Freie schob, die Glasscherben mit dem Fuß zur Seite wischte, sich dort hinhockte und die Chinakladde aus ihrem Rucksack zog, dann doch einen Platz auf der Wiese suchte, von dem aus sie die Höhlenöffnung im Auge behalten konnte.

Wo bleibt ihr denn? Was macht ihr bloß so lange? Birte kam von hinten und blickte ihr über die Schulter, Mathilda schlug hastig die Kladde zu.

Ich war schon an der Gaststätte und habe ewig gewartet, ich habe mir Sorgen gemacht! Wo ist Olivia?

Sie besichtigt die Höhle. Mathilda wies mit dem Kinn auf den Eingang.

Birte ließ sich neben ihr im Gras nieder. Ich habe dein Tagebuch gelesen. Gestern Nacht. Heute früh in der Dämmerung. Es drückte unter meinem Kopf, ich konnte nicht mehr schlafen.

Von Tagebuch, dachte Mathilda, konnte überhaupt nicht die Rede sein. Zwei Seiten unleserliches Gekritzel, unverdauliche Speiballen, von fremden Wesen herausgewürgt, Haare und Federn, Knöchelchen, Insektenpanzer, Schneckenhäuser.

Du hast es gelesen, sagte sie langsam, und erst als sie es ausgesprochen hatte, wurde ihr bewusst, dass ihr Tonfall nicht freundlich und auch nicht neutral klang, dass sich eine drohende Nuance eingeschlichen hatte, eine schneidende Zurückweisung, dass sich etwas in ihr aufbäumte und anwuchs, nicht ausgeglichen, zugewandt und schaumstoffhaft wie sonst, wenn sie Birte gegenübertrat, ein Zorn, von dem sie fast körperlich spürte, wie er hochschoss und aus ihren Augen austrat; der bohrende Blick – hier war er.

Birte sah zur Seite, sie schien diesen Blick nicht wahrzunehmen. Sie kämmte Grashalme mit den Fingern durch, hob dabei den Kopf eines Gänseblümchens heraus, steckte die Blüte in den Mund, kaute.

Auf was für einem Kongress ist eigentlich dein Mann, wollte sie wissen, ganz das Unschuldslamm. Er beschäftigt sich doch immer mit diesen abseitigen Themen.

Mathilda schnipste gegen eine Halmspitze, die sich bog und zurückschnellte, gegen die nächste, sie ging systematisch vor, Reihe für Reihe.

Fühlst du dich nicht einsam, wenn dein Mann so viel reist? Hast du keine Angst?

Angst? Mathilda verstand nicht, was sie meinte. Sie wollte weder über den Kongress noch über das Tagebuch sprechen.

Angst, dass er sich auf diesen Kongressen anderweitig umsieht. Birte zwirbelte ein Gänseblümchen an seinem Stiel und ließ es rotieren. Es hätte nur noch gefehlt, dass sie es sich über die Lippen rollte.

Warum sollte er?, sagte Mathilda kühl. Was war das hier eigentlich, ein Verhör? Natürlich beunruhigte es sie, dass ihr Gatte mehr oder weniger grußlos aufgebrochen war, etwas rumorte unter der Oberfläche, etwas war in Unordnung geraten, aber darüber würde sie nicht ausgerechnet mit Birte sprechen. Sie wollte darüber überhaupt nicht sprechen, die Ungereimtheiten nicht zerreden, die Probleme nicht aufbauschen, die Angelegenheit am besten im unterschwelligen Bereich belassen, niedrig halten. Etwas war im Gange, sie wusste nicht, was, sie brauchte es auch vorläufig nicht zu wissen. Aber was die sogenannte Angst betraf, die Birte ihr suggerieren wollte – nein, diese Angst hatte sie tatsächlich nicht. Was auch immer ihren Mann umtrieb, wie absurd er sich auch verhalten mochte, sie schenkte ihm vollständiges Vertrauen.

Birte aß ein weiteres Gänseblümchen. Mathilda suchte nach einer bequemeren Lage auf dem buckligen Gras, mit einem Mal eine einzige störrische Trägheit. Sie würde sich nicht rechtfertigen, sich nicht in die Ecke drängen lassen, sie war nichts als eine sperrige Form, die Raum einnahm, draußen.

Geht es gut bei dir zu Hause?, versuchte sie den Plauderton aufzunehmen. Was macht deine Tochter?

Birte blieb ungerührt. Ihre Tochter habe zwei Klassenkameradinnen eingeladen. Sie dürften bei ihr übernachten, sie freue sich. Ihr Vater sei unterwegs, er konzertiere mit seiner Gruppe. Ein Musiker.

Manchmal sprach Birte mit ihr, als ob sie sich überhaupt nicht kannten. Als übe sie ein Skript, mit dem sie einer fremden Person ihre Errungenschaften darstellte, einem Personalchef, der neuen Psychoanalytikerin.

Mathilda war durchaus im Bilde, dass Birtes Partner sich als Gitarrist in einer Folkband verdingte. Er hatte eine Laune zum Beruf gemacht und besuchte Mittelaltermärkte und Festivals, auf denen junge Leute in wallenden Gewändern, mit Beinlingen, Hauben, Kapuzen und Schürzen flanierten, und nach jahrelangen Auftritten existierten mittlerweile zwei CDs mit den Aufnahmen der Greatest Hits, langweiligen Liedern, begleitet von Blockflöte, Rasseln und Schellen. Nichtsdestotrotz sprach Birte von dieser Gruppe, als handele es sich um die Solisten der Berliner Philharmoniker, während sie gleichzeitig zu vergessen schien, dass sie, Mathilda, ein reguläres Musikstudium abgeschlossen hatte und sich durchaus in der Lage sah, die Qualität einer künstlerischen Darbietung zu bewerten.

Birte hantierte an den Schnallen ihrer Sandalen, löste die Riemen, zog sich die Söckchen aus und stülpte sie zu einem Ball, den sie ein paarmal in die Luft warf, bevor sie ihn in ihrer Tasche versenkte. Sie hob die nackten Fußsohlen knapp übers Gras, touchierte die Spitzen.

Mathilda sah weg. Sie hatte sich darauf gefreut, sich körperlich zu verausgaben. Steile Anstiege, klare Luft, Muskeln und Sehnen, weite Ausblicke über die herbstlich gefärbte Landschaft, und am Abend wusste man, was man getan hatte, spürte jeden Knochen, fühlte sich dennoch leicht und frei, vom Alltag abgerückt. Sie hätte es besser wissen müssen. Ein Gewaltmarsch war in dieser Konstellation nicht zu machen.

Birte hatte schon den zweiten Blumenkranz geflochten, als Olivia sich mit einem abgebrochenen Tropfstein aus dem Höhleneingang wand, strahlend die Trophäe im Arm hielt, sich schwer atmend neben Birte fallen ließ und ihr Steinbaby vorzeigte, das grau und schäbig aussah, wie ein Eiszapfen aus Kerzenwachs.

Olivia schwitzte stark. Sie hatte sich in den Gängen verirrt, das Licht war ihr erloschen, sie hatte unheimliche Geräusche vernommen, die sie nicht zuordnen konnte. Ein riesiges Tier oder sonstiges Wesen war ihr über die Füße gehuscht, sie musste sich mühsam und kleinschrittig zurücktasten, immer an der Wand lang, dabei war ihr der Tropfstein in die Hände geraten und hatte sich gelöst, denn Wände im engeren Sinne gab es dort gar nicht, nur wulstige Raumformationen, denen sie im Dunkeln nicht beikommen konnte.

Mathilda stand längst, den Rucksack geschultert, auffordernd da, aber Birte lauschte wie gebannt der Heldenerzählung, nickte bestätigend, ließ sogar etwas fallen wie »Ich hätte mich das nie getraut«, und Mathilda gab es auf, Druck auszuüben, sie ließ sich wieder auf der unvermeidlichen Wiese nieder, setzte ihr Gepäck ab und erklärte still für sich den Tag für gescheitert.

Zwei Wanderer überquerten die Lichtung. Noch bevor sie in Sicht kamen, hörte Mathilda ihre Schritte, spürte sie die Erschütterungen, die sie auf dem Boden verursachten, kleine Beben, Geräuschwellen, und sie lauschte alarmiert wie ein kleines Tier, setzte sich auf.

Die Männer waren im Schnellschritt unterwegs und übertrugen eine virile Aktionsbereitschaft, die Mathilda sofort abstieß. Sie liefen definitiv zu dicht an ihnen vorbei. Synthetische Sportkleidung, mit Leuchtfarben abgesetzt, isotonische Getränke in der Hand, einen Stecken in der anderen. Managertypen, Firmeninhaber, Klimavernichter. Mathilda schlug sich die Hand vor die Augen, aber sie sah noch, wie Olivias Lachen breiter wurde, wie die Herren mit ihren Getränkeflaschen winkten, dann stoppten, und mehr musste sie auch gar nicht sehen, sie wusste schon, wie es weiterging, wie sie alle zusammen zum Gasthaus marschierten, Olivia in überraschend forschem Tempo voraus, ins Gespräch mit dem einen vertieft,

Birte schlendernd mit dem anderen, sie selbst in gewissem Abstand hinterher, den Blick auf die Blätter gerichtet, nur auf die Blätter, und gleichmäßig atmend, um nicht aus der Haut zu fahren. Sie bewahrte Ruhe, als sie sich alle um den Holztisch unter der Markise setzten, sie blieb freundlich, sie reichte den Typen beim Essen das Salz, senkte den Kopf, als sie begannen, mit ihren Sportwochenenden zu prahlen, normalerweise gingen sie Surfen, heute hatten sie die Strecke ursprünglich mit dem Mountainbike zurücklegen wollen, aber ein Rad hatte sich kurz nach dem Start als schadhaft erwiesen, umso zügiger waren sie jetzt zu Fuß unterwegs, durchtrainiert eh, Mathilda lächelte mechanisch, lächelte zur Tischplatte hin, nickte reflexhaft, als sie von den drei Grazien anfingen, dann erhob sie sich entschuldigend und ging in den kühlen Gastraum.

Es gab einen zweiten Ausgang, aber das konnte sie nicht bringen. Sie ging trotzdem durch den zweiten Ausgang vors Haus und promenierte ein wenig auf der Straße auf und ab, so lange, wie man für gründliches Händewaschen brauchte, sehr gründliches. Auch ihr Mann hatte seine Fehler, aber er war ihr nie mit diesem Imponiergehabe gekommen. Und sie selbst fand noch immer nicht in die kreisenden Bewegungen des Smalltalks hinein, sie begriff den Reiz nicht, sie langweilte sich. Es ging um den Austausch von Energie, nicht von Information, so viel war ihr klargeworden über die Jahre hin, in denen sie am Rand solcher Runden gestanden und sich unwohl gefühlt hatte, es ging um eine Art von Kontakt, die sie nicht schätzte, ja, die ihr kindisch vorkam.

Am Tisch steckten die anderen über dem steinernen Zapfen die Köpfe zusammen. Olivia ließ ihn rotieren wie beim Flaschendrehen. Wegweiser, Kompassnadel. Die anderen wandten ihren Blick in die Richtung, die der Zapfen anzeigte. Dort war dichtes Gebüsch, und es ging wieder abwärts. Die Männer versuchten Olivia auszureden, querfeldein zu marschieren, einfach dem Zapfen nach. Sie wollten auf den Gipfel, und hier war Mathilda plötzlich ganz auf ihrer Seite, auch wenn man in dieser Mittelgebirgsgegend nicht direkt von Gipfel sprechen konnte, ein bewaldeter Hügel besaß keinen Gipfel, aber zumindest eine Kuppe, von der aus man Umschau halten konnte.

Ohne die beiden Männer, deren Vornamen sie im allgemeinen Geplauder überhört haben musste, wären sie an diesem Tag nicht mehr viel weiter gekommen, so viel war Mathilda längst klar, und es machte ihr deshalb nichts aus, hinter den zwei Paaren herzustapfen, Hauptsache, es ging voran. Und in dieser Konstellation gelang es sowohl Birte als auch Olivia, sich ohne weiteres dem Tempo der Gruppe anzupassen, einem Tempo, das dasjenige der Männer war, von ihnen vorgegeben, von ihnen mit schweigender Selbstverständlichkeit eingefordert, ein Tempo, das Mathilda entgegenkam, sie bewegte sich gleichmäßig, mühelos, beinah versöhnt.

Auf der Anhöhe stand nur eine einzige Bank. Die vier Personen, mit denen sie hier hinaufgestiegen war, machten sich einen Spaß daraus, sich so auf die Sitzfläche zu quetschen, dass auch für sie, Mathilda, noch Platz war. Sie rückten eng zusammen, Olivia ließ sich auf den Schoß nehmen, Birte schmiegte sich an. Mathilda hätte lieber jeden Körperkontakt vermieden, in Ruhe etwas abseits gestanden und auf die Landschaft geblickt, aber es blieb ihr nichts übrig, als sich auf die Kante der Bank zu setzen, angestrengt zu balancieren, um niemanden zu berühren, und zugleich den Anschein zu erwecken, sie verhalte sich völlig natürlich, ja lässig.

Vor ihr öffnete sich der Wald und weitete sich zu grünen Abhängen und Plateaus, über die die Wolken zogen, waschbrettartig geriffelte Wolken, die auf die Stimmung drückten, weil sie den Wetterumschwung ankündigten, aber nur sie schien das zu bemerken. Mit diesen Wolken wollte man nicht mitreisen, man flog nur mit Haufenwolken, glänzend aufgetürmten kleinen Göttersitzen, mit Haufenwolken, die quasi Einzelkabinen boten wie eine Seilbahn oder ein Karussell.

Sie hielt sich zurück. Benahm sich so diplomatisch wie möglich. Sie saß auf einer Bank, etwas zu dicht neben einem aufdringlich muskulösen Typen, und sie gab sich, als sei das vollkommen normal. Sie affirmierte die Absichten der Gruppe, die darin bestanden, jetzt am Ziel zu sein und die sogenannte Aussicht zu genießen, sie erhob keine lästigen Einwände, wenn das Wort »Gipfel« fiel, auch wenn sie sich mitnichten auf dem höchsten Punkt der langgezogenen Kuppe befanden, sondern lediglich an der zugänglichsten Stelle, die der Tourismusverband dieses Rumpfgebirges noch weiter erschlossen hatte, so dass es wahrlich keiner Hexerei bedurfte, hier hinaufzugelangen. Es bedurfte, wie man an Olivia sah, nicht einmal besonders guter Kondition. Sie war von dem Anstieg nicht im Geringsten erschöpft, und auch wenn dieser Anstieg für Mathildas Geschmack bescheiden ausgefallen war, hätte Olivia nach den bisherigen Erfahrungen atemloser, verschwitzter sein müssen. Aber Olivia, dicht neben Mathilda auf dem Schoß eines Typen in teurem T-Shirt, wirkte frischer als zuvor, alberte herum und fuchtelte erstaunlich energiegeladen mit dem bedauernswerten Kalkstein, der inzwischen von einem Ausweis des Frevels an der Natur zu einem Dingsymbol der heteronormativen Paarbildung heruntergekommen war.

Sicher war es der unbequemen Lage auf der Bank geschuldet, aber es kam ihr vor, als ob der Raum, den die anderen frech einnahmen, eigentlich noch zu ihr, Mathilda, gehörte, es war vielleicht nicht ihr Körper, der sich so weit erstreckte, aber doch ein psychischer Raum, denn sie bedrängten sie auf eine so unerhörte Weise mit sich und ihrer Schamlosigkeit, dass Mathilda auch innerlich zur Seite rücken musste, einfach ein paar Meter weiter, dass sie zumindest den Luftausstoß, die Schluckgeräusche nicht mehr hören musste, ganz zu schweigen von der Unterhaltung, die Birte mit dem zweiten der beiden führte, der zwei, deren Namen unentwegt fielen, die Mathilda sich aber nicht zu merken vermochte, die sie sich weigerte überhaupt zur Kenntnis zu nehmen, sie behandelte sie als Rauschen des Windes, als Folge von knackenden Lauten wie dürres Gezweig, das zerbricht.

Birtes unablässiges Murmeln am anderen Ende des Sitzbretts, der tatsächliche leichte Wind, der ihr aufmunternd durchs Haar fuhr, ihre Wange streifte, Mathilda überließ sich ganz diesem Wind, richtete den Blick in den Dunst der Ferne, dorthin, wo die bewaldeten Hügel in die Wolkenplatte übergingen, wo die Erhebungen dieses Mittelgebirges einen bläulichen Schimmer annahmen, sie wollte sich in dieser Bläulichkeit verlieren, aber das Gerede von der Seite lenkte sie ab, noch etwas weitergehen oder schon zurück, sie erhoben sich alle und gingen unentschlossen in eine Richtung, die weder weiter noch zurück führte, sondern offenbar ein Kompromiss war und die sie als »Mittelweg« ausgaben. Mathilda ließ ihnen einen Vorsprung, konzentrierte sich noch auf die Wolkenschicht, sie starrte dorthin, als könne sie sie mit genügend Nachdruck dazu bringen, auf der Stelle abzuregnen. Erst dann spürte sie ihre Wut.

Die anderen kamen ihr bereits entgegen. Es brennt, sagten sie aufgeregt, der Wald steht in Flammen.

Mathilda gab sich Mühe, keinen Zweifel anzumelden, keinerlei Skepsis. Aber konnten sie wirklich nicht einmal das Herbstlaub, das zwischen den dunklen Fichten hervorleuchtete, von einem Brand unterscheiden?

Sie nickte verständnisvoll und schloss sich ihnen an, ein

Rückweg in panischer Eile. Dann roch sie den Rauch, und als sie hinter sich schaute, sah sie ihn auch. Er quoll aus den Wipfeln, er wurde ihnen nachgetrieben, und sie meinte sogar ein Prasseln zu hören.

Sie gingen zügig, Mathilda gefiel dieses Tempo, es entsprach ihrem üblichen Schritt. Sie hätte allerdings gerne mehr von dem Brand gesehen. Womöglich handelte es sich auch bloß um Emissionen von einem offiziellen Grillplatz, um ein Kartoffelfeuer aus dem Tal oder dergleichen. Was habt ihr mir voraus, würde sie am Abend fragen, wenn sie alle wieder bei Besinnung waren, konnte man etwas erkennen.

Mathilda hatte gehofft, dass die Herren sich spätestens an der Wiese verabschieden würden, aber sie ließen es sich nicht nehmen, bis zur Hütte das Geleit zu geben, schließlich handelte es sich um eine Notsituation. Sie checkten die Nachrichten, sie fanden mehrere Eilmeldungen, und als sehr weit entfernt Sirenen erklangen und sogar ein Hubschrauber kreiste, musste auch Mathilda einräumen, dass der Waldbrand offenbar existierte. Die Herren richteten sich mit Olivia eine Raucherecke auf der Treppe ein. Lagebesprechung, Sondierung, Entscheidung. Kippen, in den Garten geschnipst. Mathilda hielt sich fern, trug aus ihrem Kofferraum Getränke ins Haus, sie wartete darauf, dass die Männer aufbrachen, während Birte schon in der Küche hantierte. Dann wurde Mathilda klar, dass diese Männer, deren Namen aus Knacklauten und Windhauch bestanden, nicht aufbrechen würden. Der Rückweg zu ihren Autos vom Feuer abgeschnitten, hilflose Frauen allein im Wald, die Dürre, ein einziger Funke genügte, sie fühlten sich verpflichtet, nein, es war ihnen eine Selbstverständlichkeit, hier über Nacht auszuharren, bis der Bann gebrochen, der Brand gelöscht war.

Mathilda lehnte an der Kühlerhaube ihres Wagens und sah zu, wie die Männer ohne Namen den Gartenschlauch aus dem

Schuppen holten und begannen, die Hütte abzuspritzen, wie sie es im Fernsehen bei den Kaliforniern gesehen hatten, das Dach und die Wände, den Garten, die Bäume am Rand. Ein unendlicher Wasserverbrauch, der eine horrende Rechnung nach sich ziehen musste, ein groteskes Getue, einer hielt den Schlauch und ließ die Fontäne auf das Dach klatschen, der andere stand etwas weiter hinten und dirigierte, links, weiter rechts, Olivia saß unter dem Vordach und ließ sich von den Tropfen bezaubern, die dicht vor ihr niederfielen und im letzten Sonnenlicht irisierten.

Mathilda trank mehr als sonst, weil sie den Männern nicht die gesamten Vorräte überlassen wollte. Birte, wie immer, nippte einmal und vergaß dann ihr Glas, nur Olivia hielt mit. Eine Vernichtung von Rotwein aus dem Impuls der Missgunst, Mathilda nahm große Schlucke, das also war Futterneid. Sie ging früh, viel zu früh in ihr Zimmer. Sie war kein Spielverderber. Etwas später geisterten zwei Personen kichernd im Haus herum. Und Birte unterhielt sich noch lange unten in der Küche.

Mathilda steckte sich das Kissen in den Rücken, lehnte den Hinterkopf an das Kopfteil des Bettes, winkelte die Beine an, Pult für die Chinakladde. Sie wollte in dieser Nacht wach bleiben. Nicht noch einmal die Kontrolle verlieren. Die anderen nicht erneut zu nahe rücken, in ihren Privatsachen schnüffeln lassen, obwohl sie sich sagen musste, dass diese Gefahr wohl jetzt nicht bestand, die anderen waren anderweitig beschäftigt. Trotzdem. Wachen und beten.

Sie begann mit dem ersten Gewölle, ließ sich Zeit mit den Linien, schlang sie sorgsam umeinander, immer dichter. Schwarze Kringel über weißem Grund. Die feine Linierung spielte bei diesem Weiß keine Rolle, die Zeilenmarkierung war so hell, dass sie als Unterform des Weißen gelten konnte, es blieb für sie bei Schwarz auf Weiß, keine Zwischentöne. Tinte und Kreide. Ligustertinte. Champagnerkreide. Eisengallustinte und Gips. Sepia und Alabaster. Kreidestücke im Gros, ein Dutzend Mal ein Dutzend. Schlämmkreide. Rügener Kreide. Kölner Kreide. Dänisch Weiß. Kreidezeichen boten Schutz vor Behexung, allemal wenn sie von geweihter Kreide stammten, wie am Dreikönigstag, wenn die Kinder als Sternsinger von Haus zu Haus zogen und einen Kreidesegen an die Tür schrieben, die Schwelle schützten. Tafelkreide. Schulkreide. Sie verbrachte einen guten Teil ihrer Lebenszeit damit, Kreidezeichen an Tafeln zu schreiben, Ziffern und Wurzeln, Leere Mengen, Klammern, auch Noten, Bass- und Violinschlüssel, aber doch deutlich mehr Zahlzeichen, Integrale, Fakultäten, die Tafel bedeckt mit Rechnungen, Graphen, Parabeln, ein Abwehrzauber, der als dünner Film auch weiterhin Bestand hatte, wenn die Tafel abgewischt war.

Das kann nicht mit rechten Dingen zugehen. So oft hatte sie das als Kind gehört, wenn sie bei einer Aufgabe zu früh eine Lösung gefunden hatte, wenn sie mit allem fertig war, während die anderen erst anfingen, und dann wieder die bleierne Langeweile einsetzte, die sie niederdrückte, plattmachte, sie in eine vorgesehene Form presste, die offenbar das war, was man unter Normalität verstand.

Die Kreidelinien betrachtete sie nicht als ihre Handschrift, vielmehr als etwas Unpersönliches, Kollektives, wie ein Piktogramm oder ein Werbeplakat, darauf ausgerichtet, eine Information zu vermitteln. Sie mochte den Kreidestaub, er glättete die Welt wie der Talkumpuder am Reck und gab ihr die Zuversicht, etwas zu leisten. Natürlich erinnerte sie sich an die Kreidefelsen von Dover, wie sie dort einmal angelandet war, gemeinsam mit ihrem Mann auf der Fähre, das Befreiende dieses Anblicks, als seien die Möwen aus diesem hellen Stein herausgebrochen und nichts als Kreidestücke, die durch die Luft segelten, sie hatte seine Hand genommen und stumm vor Ehrfurcht neben ihm gestanden, die Kreide, die Wolken, die Möwen, eine einzige Leichtigkeit über dem gewaltigen, algenschwarzen Meer, das sich an den Schiffsrumpf warf, gleichsam mit gebogenem Nacken, unergründlicher Sturheit, bis es sich löste und aufwarf in kreidehelle Gischt. Die Rügener Felsen kannte sie nur von jenem übersteigerten romantischen Gemälde, bei dem das gesamte Licht aus dem schroffen Gestein hervorbrach. Dennoch stellte sie sich gern vor, dass ihre Kreidehände von einem Strandspaziergang am Königsstuhl rührten, von der Berührung des Steilufers mit der flachen Hand, ein Wischen und Pressen, als ließen sich so die Zeitschichten ertasten, die vergangen waren.

Nach dem Unterricht rieb sie sich die Hände ab, klopfte sie gegeneinander, aber sie mied das Waschbecken im Klassenraum, sie wollte den Wasserkran nicht berühren, nicht den Griff, den so viele anfassten, wobei sie sich immer fragte, wozu die Schüler, abgesehen vom Tafelputzen, ständig das Wasser benötigten. Sie füllten es in ihre Flaschen, sie füllten es in Luftballons und Plastiktüten und ließen Wasserbomben aus den Fenstern fallen, sie wuschen stundenlang ihre Füllhalter aus. Auf solches Wasser ließ sie sich erst gar nicht ein. Sie empfand den Kreidestaub als sauberer, eine lässige Hülle, mit der sie sich abgrenzte.

Aber zugleich war die Kreide ein Mittel, mit dem sie sich anglich, mit dem sie sich selbst beschwichtigte. Wundpuder, um den Tag zu überstehen, Perückenpuder, um die Fasson zu wahren, Kreidelangeweile der Schultage, Kreidestimme der Lehrer, die jetzt ihre eigene Stimme war, ein wenig zu freundlich und zu friedlich, ein wenig zu zurückhaltend und auf eine Art zurückgeblieben.

Sie drückte den Stift hart auf und glitt im Bogen über das

Papier, ein Notenschlüssel, der sich verselbständigte und immer weitere Kreise zog, ein Schlüssel, dem die Schleifen und Schlaufen zu grotesken Auswüchsen wurden, eine monströse Verzierung, ohne dass ein zu verzierender Gegenstand vorhanden war, ein leeres Versprechen, ein Wortbruch, ein Verbrechen an der Bedeutung. Ornament konnte man es nicht nennen.

Sie warf Schlenker über Schlenker, Ablenkungen, Abschweifungen, Abweichungen, sie biss die Zähne zusammen und hielt sich wach, bis sich am Fenster kreideweiß die Morgendämmerung zeigte.

Der kreideweiße Morgen leckte am Fenster, er flackerte am Glas entlang, saugte sich fest, schleckte die Scheibe ab. Ein Flügel stand offen, durch die Öffnung schob sich eine lange helle Zunge, Flammenzunge, ließ Funken stieben. Draußen knackte der Wald, Mathilda schrak hoch und stemmte sich mit den Handballen auf die Fensterbank. Weißer Rauch stand wie Nebel zwischen den Fichten, das Feuer schlug schmatzend aus dem Unterholz. Man müsste das Fenster sofort schließen, war Mathilda klar, aber stattdessen riss sie auch den zweiten Flügel auf und stand mit weiten Armen, stand breitbeinig vor der Flammenwand.

Was habt ihr so lange im Wald geschlafen, hörte sie eine Stimme aus dem Märchenbuch, die Stimme ihrer Mutter, jene innere Stimme, die stets einen vorwurfsvollen Unterton annahm und mit Kritik nicht sparte, es war nicht leicht, dieser Stimme zu entkommen, da sie in der Regel recht behielt, den gesunden Menschenverstand vertrat. Auch jetzt musste Mathilda zugeben, dass die Situation nicht zu ihren Gunsten geriet, die Situation entwickelte sich vielmehr dergestalt, dass die Stimme der Vernunft schon keinen Nutzen mehr brachte, vor ihren Augen brannte der Wald, der Wind fuhr rauchig in ihr Nachthemd und ließ die Zipfel flattern, erfasste den ganzen Stoff, hieß ihn knistern, prasseln. Grimmiges Lächeln, gesträubtes Haar. Eine Bewegung gegen die Schwerkraft. Es war so weit. Eine Gloriole legte sich um den Wald, bebte und glomm auf, sie spürte die Hitze auf ihrem Gesicht, den Widerschein.

Was habt ihr so lange im Wald geschlafen? Eine Funkengarbe flog über die toten Äste, die schwarzen Baumgerippe. Hatte die Abwehrkreide etwas genützt? Es war der Ruß von verkohltem Holz, aus dem man Schreibtinte, Zeichentusche gewann. Der Wald flackerte, ließ sich nicht fixieren. Er erhob sich ein Stück und sackte wieder zurück. Die Flammen strebten empor, hingen fest an den Stämmen. Glut fraß sich vorwärts. Über den Wipfeln, ganz in Rauch gehüllt, kreiste ein einzelner Rabe und schrie.

Was ist los?, rief Olivia aus dem Korridor. Was ist passiert? Ihre Stimme kam näher. Warum schreist du so?

Ich schreie nicht, sagte Mathilda. Sie musste im Morgengrauen doch noch eingeschlafen sein. Jetzt hockte Olivia auf ihrer Bettkante und vergewisserte sich, dass alles in Ordnung war. Alles war in Ordnung, aber Mathilda hätte lieber noch länger das Feuer betrachtet, das formlose Beben, in dem sie selbst eine Flamme zu bilden imstande war, einen plötzlich hervorstechenden dunklen Blitz.

Stimmfühlung

Die beiden Herren saßen auf der Rückbank, Birte hatte neben ihr auf dem Beifahrersitz Platz genommen. Mathilda winkte Olivia zum Abschied zu, die beiden auf der Rückbank kicherten und drückten sich aneinander, um sich dann sofort, sobald die Blockhütte außer Sicht war, mit Anweisungen zur Fahrstrecke ins Spiel zu bringen. Gefährliche Kurve. Jetzt beschleunigen. Links halten. An der Kreuzung geradeaus. Wir stehen dort hinter dem Silo.

Ich kenne den Wanderparkplatz, sagte Mathilda. Sie schaltete das Radio an und ließ die Regionalnachrichten laufen, die pausenlos über den Stand der Löscharbeiten Auskunft gaben, Glutnester, Evakuierungen, Schadenshöhe. Der Brand betraf kein riesiges Gebiet. Jemand hatte eine Zigarette fallen lassen oder anderweitig eine konzentrierte Wärme erzeugt, die ausreichte, ein wenig Reisig zu entzünden. Sie fuhren an der Tannenplantage vorbei, einem Geviert mit exakt gleich großen Nadelbäumen, die ebenso gut aus Plastik sein konnten. Ausklappen, aufstellen, dachte Mathilda, sie fuhren über die offene Landstraße, zu beiden Seiten Felder, dann kam das Waldstück.

Hier ist die Stelle, tönte es von der Rückbank. Nicht direkt hier am Rand, mittendrin. Man sieht nichts.

Man sah tatsächlich nichts. Sollte sie anhalten und der Rückbank eine Exkursion ins Waldesinnere ermöglichen, damit diese sich selbst überzeugen konnte, ob der Feuerwehr die ordnungsgemäße Löschung des Brandes gelungen war? Zumindest Birte würde dazu keine Lust haben. Birte war schon den ganzen Vormittag auffällig stumm. Sie saß ruhig auf dem Sitz, sie schien kaum das Polster zu berühren, ihre Leichtfüßigkeit verwandelte sich in unbewegten Körperhaltungen für gewöhnlich in eine Art Schwebezustand. Sie hielt sich gerade und richtete den Blick geradeaus, sie gab sich nicht die Mühe, sich zu verrenken, ihr Kinn womöglich bis hinter die Schulter zu bringen, um mit den Burschen in ihrem Rücken zu plaudern.

Mathilda fuhr ungerührt weiter. Auf dem Parkplatz hielt sie an, die Männer machten keine Anstalten auszusteigen. Sie erinnerten sich plötzlich, was sie Birte noch alles sagen wollten, Karrieremodelle, Optionen in der Erlebnisgastronomie, sie beugten sich vor, hielten sich an der Lehne des Vordersitzes fest und redeten Birte von beiden Seiten ins Ohr, guter und böser Engel, Birte musste selbst entscheiden, welchen Einflüsterungen sie Vertrauen schenken wollte, nur dass die Engel sich einig waren, dass die Probleme ganz bei Birte lagen und die Lösungsmöglichkeiten auf der Hand, Investitionen, Kredite, Rendite, sie waren schließlich Unternehmensberater oder doch so gut wie Unternehmensberater, wollte Birte sich ihnen nicht anvertrauen?

Mathilda fiel der Puppenspieler ein, den sie einmal als Jugendliche gesehen hatte, ein schwarzgekleideter Mann in einem verdunkelten Raum, nur ein Spot auf der Bühne, einer Tischplatte, auf der er, schwarzbehandschuht, mit einem Kreidestück agierte, seiner minimalistischen Puppe, die den blassen Horla von Maupassant gab, ein verzweifeltes Kreidestück, das sich ins Bett legte, wieder aufstand, in ein bedrohliches dunkles Inneres eingeschlossen und davon ausgeschlossen zugleich, während sich hinter verschlossenen Türen auf merkwürdige Weise Gegenstände bewegten, Dinge veränderten und Besitztümer, Lebensentwürfe in Flammen aufgingen, ohne dass eine fremde menschliche Hand dabei eingegriffen hätte.

So, sagte Mathilda schließlich. Wir sind da. Finden Sie Ihren Wagen?

Auf dem Parkplatz standen genau zwei Autos, ihres und ein BMW mit einem Heckträger für zwei Fahrräder. Die Räder, sah Mathilda durch die Scheibe, lagen innen auf den zurückgeklappten Sitzen.

Birte nahm eine Visitenkarte entgegen, eine weitere von der anderen Seite, dann warteten sie, bis die Fahrräder auf dem Träger angeschlossen waren und alle losfahren konnten.

Als der BMW schließlich abbog, sah Birte ihm nicht nach. Sie hielt sich so gerade, wie die gewölbte Form des Sitzes es zuließ, sie roch nach heißem Fett, nach den Pfannkuchen, die sie zum Frühstück gebacken hatte, der Geruch füllte das Innere des Wagens ganz aus. Mathilda atmete mit angelegten Nasenflügeln, sie wollte so wenig wie möglich von diesem Geruch in sich hineinlassen, auch wenn es aussichtslos war. Sie selbst roch vor allem nach schwelendem Holz. Der Rauchgeruch von Olivias Heizversuchen war in alle Räume der Hütte gezogen, er hatte sich durch ausdauerndes Lüften nicht entfernen lassen und saß in Mathildas Kleidern, in ihrem Haar. Selbst ihre frische Wechselwäsche hatte er durchdrungen. Sie hätte die Kleidertasche im Kofferraum lassen sollen. Dann aber hätte alles nach Kofferraum gerochen. Was war sie auf einmal so empfindlich mit Gerüchen? Dies dachte sie im Tonfall ihrer Mutter, die sie stets dazu angehalten hatte, eine gesunde Robustheit zu kultivieren, Gefühle nicht überzustrapazieren, die Ausschläge der Empfindungen im Mittelmaß zu belassen. Während ihre Mutter sich über die Jahre zunehmend als kontaminiert empfand, nur noch bestimmte Nahrungsmittel aus dem Reformhaus zu sich nahm, Vergiftungsängste pflegte. Ihre Mutter sah darin keinen Widerspruch, vielmehr eine Art Arbeitsteilung. Mathildas Part war nicht der einer besonderen

Sensibilität. Trotzdem atmete sie jetzt flacher, rückte innerlich von Birte ab, spürte sie gleichzeitig neben sich, überpräsent, auch wenn sie sich auf den Straßenverlauf konzentrierte.

Ich habe dein Tagebuch gelesen, fing Birte wieder an.

Mathilda sah stur geradeaus. In dem Tagebuch stand nichts. Es war unleserlich. Bis auf die ersten Einträge von vor dreißig Jahren, in Kinderschrift.

Dann hast du ja erfahren, sagte Mathilda, dass es ausschließlich von dir handelt.

Ich kann mich an die geschilderten Situationen gar nicht erinnern, sagte Birte und suchte in ihrer Tasche, als sei eine ganz andere Person betroffen. Wieso befasst du dich plötzlich mit diesem Kram von früher?

Im Gegenteil, sagte Mathilda, ich setze neu an.

Birte krümmte den Rücken, sie klemmte die Tasche zwischen ihre Füße und lud sich den Inhalt auf den Schoß, Kleidungsstücke, die zusammengefaltete Croissanttüte, eine Zahnpastatube, ein Kamm, ihre Geldbörse.

Ich wollte dir etwas zurückgeben, sagte sie.

Aus den Tiefen der Tasche förderte sie einen roten Schulfüller zutage. Mathildas Füllfederhalter, den sie vor unendlich langer Zeit verloren hatte, der plötzlich verschwunden gewesen war. Zusammen mit Birte hatte sie das ganze Klassenzimmer abgesucht, Birte war mit ihr mehrfach den Schulweg abgegangen, sie hatten in jede Hecke, jeden Gully mit der Taschenlampe geleuchtet, auch wenn Mathilda sich nicht vorzustellen vermochte, wie der Füller aus dem verschlossenen Mäppchen in einem geschlossenen Tornister hätte herausfallen und verschwinden können. Birte hatte sogar vorgeschlagen, mit ihr zur Polizei zu gehen, sie hatte daraus eine Detektivgeschichte entwickelt, monatelang mal den einen, dann den anderen Mitschüler verdächtigt, während Mathilda nur widerwillig bereit war, stundenlang mit Birte in fremden Vorgärten hinter den Sträuchern zu kauern, um den jeweils Verdächtigen zu beschatten. Schnell verselbständigten sich diese Aktionen, und es fiel auf, dass jene Jungen, für die Birte gerade schwärmte, auch die waren, gegen die sie besonderes Misstrauen schürte, so dass Mathilda ihr die Aufklärung des Falles schließlich gänzlich überließ. Sie hatte keine Lust mehr gehabt, sich mit der Geschichte überhaupt noch zu beschäftigen, und diese Lustlosigkeit überwältigte sie jetzt beim Anblick des roten Füllers wieder, nur mit ungekannter Wucht.

War Birte allen Ernstes wegen eines Kinderfüllers von der Nordseeküste nach Nordrhein-Westfalen gereist? War sie wirklich imstande, ein komplettes Wochenende in Anspruch zu nehmen, um eine längst vergangene Albernheit abzubitten?

Was hast du eigentlich vorgestern so früh in der Stadt gemacht, fragte Mathilda ausdruckslos, streckte Birte die Hand entgegen, nahm den Füller und legte ihn auf dem Armaturenbrett ab. Ich habe mehrere Stunden auf dich gewartet.

Ich habe mir eine Waffe besorgt, sagte Birte gleichmütig. Meine Tochter ist gemeingefährlich, sie greift mich an. Wenn mein Mann unterwegs ist, kann ich mich sonst nicht mehr zu Hause aufhalten. Ich will in der Lage sein, mich zu verteidigen. Falls du sie sehen möchtest, müsstest du kurz anhalten.

Wir können gleich eine kleine Pause machen, sagte Mathilda. Sie nahm sich vor, diese wie auch immer geartete Waffe nicht zu berühren. Am Ende würden sich darauf noch ihre Fingerabdrücke finden. Und sie fragte sich, ob sie durch Birtes Besuch zu unüblich früher Stunde nicht ohnehin schon in die Sache involviert war.

Auf dem Parkplatz der Raststätte sah Birte sich nervös um. Es war nicht viel Betrieb, aber sie hielten sich hier auch nicht allein auf.

Man kann durch die Scheiben zu uns hineinsehen, sagte Birte.

Mathilda seufzte. Ein junges Paar in Trainingssachen hatte in ihrer Nähe geparkt und steuerte jetzt den Schnellimbiss an, sie mit wippendem Pferdeschwanz, er mit breitem Gang und nach außen gekehrten Ellenbogen. Ein Lastwagenfahrer kam von der anderen Seite, er ging nah an ihrer Frontscheibe vorbei, bückte sich leicht, starrte Birte an und blies seinen Zigarettenrauch direkt in ihr Gesicht.

Zum Zweck der Besichtigung einer Waffe fand Mathilda diesen Parkplatz geradezu klassisch, insofern war er wohl tatsächlich zu auffällig. Sie wäre gern an den Rand getreten und querfeldein gegangen, aber das Gelände war vollständig eingezäunt, von allem Buschwerk befreit, hinter dem Zaun setzte sich ein schmaler Rasenstreifen fort und dann kam ein Feld mit Wintergetreide, handhohe Halme bis zum Horizont.

Eine halbe Stunde später gingen sie durch raschelndes Laub. Birte bückte sich und sammelte Bucheckern auf, warf sie Handvoll für Handvoll lose in ihre Tasche, zu all den anderen Sachen.

Mathilda bewegte sich zunehmend angespannt. Eine weitere Wanderung durchkreuzte abermals ihren Zeitplan, den Kurzbesuch bei den Eltern auf der Rückfahrt, die Telefonate, die sie am Abend noch zu führen gedachte. Sie drängelte auf schnelleres Tempo, sie bremste zugleich, damit sie nicht zu weit liefen.

Der Wald war hoch und licht, es gab keine verborgene Stelle, kaum Unterholz. Spaziergänger mit Walkingstöcken kamen ihnen entgegen, Hundebesitzer, Jogger. War es in diesem Land nicht möglich, sich im öffentlichen Raum so weit zurückzuziehen, dass man für ein paar Minuten ungesehen, unbehelligt blieb?

Birte steuerte einen Picknicktisch an, stellte ihre Tasche darauf ab, das Bastgewebe gab knarzend nach. Mathilda sollte eine Buchecker essen, sie nahm die Ecker entgegen, schloss die Finger um die glatten Kanten, brach sie mit den Nägeln auf. Der Kern behaart, ein fuchsfarbenes Fell.

Bevor Birte das Ritual fortsetzen konnte, kam eine Familie näher, die Kinder stürmten den Tisch, drückten sich auf die Bänke und riefen die Eltern zu sich. Mathilda ließ erschrocken die Buchenfrucht fallen, sprang auf, ging hastig weiter. Birte blieb sitzen, sprach mit den Kindern, dann plauderte sie mit den Erwachsenen, vielleicht um den Anschein zu wahren. Erst dann kam sie nach.

Sie verließen den Weg und hockten sich ins Laub. Sie benahmen sich extrem auffällig, dachte Mathilda, jeder konnte das von weitem erkennen. Birte hob ein verschnürtes Kästchen aus dem Bastgeflecht, wickelte ein Tuch von einer Pappschachtel, nahm den Deckel ab. Auf Kunstseide gebettet schimmerte ein flaschengrünes Glasgefäß, eine Phiole.

Darin befinde sich eine homöopathische Flüssigkeit, erläuterte Birte. Sie wirke ausgleichend und solle die Tochter beruhigen. Im akuten Fall genügten wenige Tropfen, ja es reiche aus, das Gefäß in der Nähe der betroffenen Person zu postieren.

Mathilda verspürte keinerlei beschwichtigende Wirkung. Sie erinnerte sich, dass sie die Wunderwaffe nicht berühren wollte, und hielt sich zurück, das Fläschchen in die Hand zu nehmen, sie zwang sich, es nicht zu ergreifen, es nicht am nächsten Baum zu zerschmettern.

Sie aßen Bucheckern, langgezogene Pyramiden, die die Höhe der Buchenstämme spiegelten, sie aßen Blätter, eins nach dem anderen, weiche Lappen, in die die Welt sich nun einschlug, sie legten sich das Taumeln auf die Zunge, mit dem das leichthin Flatternde zu Boden sank.

Die Buchenstämme ragten hinaus über das Aroma feuchter Erde, ragten hinein in die laue Bewegung der Waldluft, in den tändelnden Wind. Mathilda richtete sich auf, diese Stämme vor Augen, folgte den gebogenen Ästen, hintereinander, übereinander gestaffelt, ein Gewirr, immer weiter verzweigt, ein Gewölbe, das anwuchs und sich ausbreitete, Mathilda ließ sich mitreißen, eine atmende Halle, sie spürte die Zudringlichkeit von vorhin, spürte die Leute auf den Spazierwegen in ihrem Rücken, einzelne Personen zerstreut in den dahinsinkenden Blättern wie leise schmerzende Punkte inmitten einer größeren, gewaltigen Empörung, sie spürte die feinen Bewegungen des Laubs in sich zittern.

Birtes Tochter hatte sämtliches Geschirr zerschlagen, sie hatte die Keramikteller mit der Himmelsanmutung stapelweise zu Bruch gebracht, sie hatte in einem Anfall von, Birte nannte es: »Unbeherrschtheit« jeden einzelnen getöpferten Becher aus einer zerstörerischen Höhe herabfallen lassen, sie hatte Tassen an die Wand, an die Schrankwand geworfen, und den riesigen Scherbenhaufen verscharrte Birte noch in der Nacht hinter dem Kompost, so dass keine Spur zurückblieb. Jetzt scheute sie die Konfrontation, scheute die Rückkehr in ihr ruiniertes Café.

Ich übernachte bei meinem Vater, sagte sie. Wenn du noch zu deinen Eltern fährst, kannst du mich dort aussteigen lassen.

Sie saßen nebeneinander, die Autobahn floss unter ihnen durch. Sie saßen in einem gemeinsamen Gehäuse, in einem zeitenthobenen Raum. Mathilda kam es vor, als habe sie diesen Raum seit ihrer Kindheit nicht verlassen. Lag es daran, dass sie sich einfach schon zu lange kannten? Pfannkuchengeruch, Holzrauch, die Materie klebte an ihr, die Dinge von früher hatten sie durchdrungen, sie wurde sie nicht los. Und doch umgab sie beide eine seltsame Gelassenheit, als führten sie auf der Bühne ein Drama verfeindeter Parteien auf, und nach der Vorstellung würde man noch zusammensitzen und etwas trinken.

Herbstlaub fiel, es fiel durch das Gehäuse auf ihr Haar, ihre Schultern, ein lautloser leuchtender Niederschlag, er häufte sich im Fußraum an, er begann, sie ganz zu bedecken.

Ich sammelte das rote Ahornlaub, das von mir
abgefallen war, vom Boden auf und warf es weg,
obwohl es noch schön war.
Ich sammelte einzelne Flammen,
die aufschossen zu jenem herbstlichen
Brand, der das Land überzog, rauschender
Chorgesang, Feuersturm, Sog,
letzte verlorene Blätter, Nester voll Glut.
Heimlicher Überflieger,
erhob sie sich täglich gegen den Wind,
mit ehrgeizig klackenden Absätzen in den
mintgrünen Gängen der Institution, die nach
Kolophonium rochen, nach Putzwasser,
Pausengetränken. Nach dem Lösemittel
der Filzschreiber für das flutschige Whiteboard,
dem eigenen streng gebügelten Blusenkragen,
den Weichspülern aus den Kapuzenpullovern
der Kinder.
Sie sammelte Laub durch die Scheiben der
Klassenräume hindurch, zog sämtliche
Blätter der Bäume an sich, umgab sich damit,
staffierte sich aus, sie hatte sich stets an die Regel,
dass Kleider die Leute machen, gehalten,
vielleicht eine Spur zu konservativ, zu steif,
man sah, dass die Lässigkeit fehlte, der Charme

*des Familiengeldes, sie hielt gelbe Hainbuchenblätter
in Händen, Blätterkleid, Federkleid, Mengen von
Viertelnoten, seltene Töne, die aus den Kehlen
der Kinder niemals erklangen.*

Mauerschau

Ihr Haus lag im Dunkeln, als sie zurückkam. Insgeheim hatte sie gehofft, die Fenster erleuchtet zu sehen, ihren Mann an seinem Schreibsekretär im Obergeschoss hantierend, ihren Mann, der Gardinen und Vorhänge ablehnte, der nur in Notfällen das Rollo herabließ, der kein Problem damit hatte, sich bei der geistigen Arbeit zur Straße hin zu präsentieren.

Sie schloss die Eingangstür und drehte sich automatisch zur Seite, um den Lichtschalter zu betätigen, aber dann ließ sie den Arm sinken, ließ ihr Gepäck auf den Boden fallen, stand in dem fahrigen Schimmer, der von der Straße hereinfiel, stand lange so, sie war unglaublich müde. Nächtelang hatte sie miserabel geschlafen, genaugenommen konnte von Schlaf gar keine Rede sein, und auch die Tage hatten nicht zu Entspannung und Erholung beigetragen.

Sie hatte noch immer den Klang von Endgültigkeit im Ohr, mit dem Birte die Beifahrertür zugeschlagen hatte, dieses definitive Einrasten, wieder und wieder, später die Wohnungstür ihrer Eltern, die hinter ihr zugezogen wurde, behutsam mit Rücksicht auf die anderen Mietparteien, aber doch hörbar, tinnitusmäßig, ein permanentes Zuschlagen von Türen wie ein Uhrenpendel, und damit verbunden zwei Bilder, die abwechselnd aufschienen. Birte, wie sie sich hastig entfernte, die Korbtasche an ihrer Schulter, der flatternde Rock. Sie selbst, wie sie eben noch mit den Eltern am Tisch verweilte und Pumpernickel mit Heringssalat aß. Es dauerte ihr alles zu lange, wie ihr Vater ewig brauchte, um schwarzen Tee aufzubrühen, dann die Milch suchte, in den Keller ging, um eine Packung

H-Milch hochzuholen, sie hatte keine Ruhe, sie wollte nach Hause.

Ihre Mutter legte unwillkürlich die Nasenflügel an und wechselte mit dem Vater einen schnellen Blick. Mathilda war bewusst, dass sie beißend nach Rauch roch, er hing ihr an, sie trug ihn auf der Haut und verbreitete ihn jetzt im Esszimmer der Eltern wie eine Aura. Sie trank um diese Zeit keinen Tee mehr, Tee putschte sie auf, aber an diesem Abend war es ihr egal, sie trank mehrere Tassen, rührte Zucker hinein, spürte keinen Effekt. Vielleicht ging es den Eltern auch so, sie waren so grundsätzlich erschöpft, dass ein paar Tassen Tee keinen Unterschied machten.

Mathilda pickte ein Stück Roter Beete aus dem Heringssalat und hielt es auf den Zinken der Gabel, sie verlor sich für einen Moment in der tiefroten Farbe, in diesem Purpurton des bei lebendigem Leibe herausgerissenen Herzens, sofort begann sie sich zu ärgern, dass es einem derartigen Kitsch wie den Wachsgebilden von Olivia offenbar gelungen war, sich in ihrem Gedächtnis festzusetzen, sie stocherte im Salat nach den Rote-Beete-Würfeln und schlang sie wütend als Erstes hinunter.

Hast du eigentlich noch Zeit, hörte sie die Stimme ihrer Mutter. Wartet dein Mann nicht auf dich.

Mathilda hatte sich auf die Unterhaltung kaum noch konzentrieren können. Es ging darum, ob sie es sich erlauben konnte, ein ganzes Wochenende mit ihren Freundinnen zu verbringen, ob sie ihre Arbeit nicht vernachlässigte, nichts vorzubereiten hatte, nichts zu korrigieren, was war mit dem Haushalt, blieb da nichts liegen.

Leider musste sie in allen Punkten beipflichten. Das Wochenende eine einzige Zeitverschwendung, besser hätte sie die Tage mit der Vorbereitung von Unterrichtsstunden verbracht, die aufgelaufene Korrespondenz erledigt, zur Not den

Garten umgegraben. Allein was ihren Mann betraf, verbat sie sich jede Einmischung.

Er ist selbst unterwegs, beruflich, sagte sie nur, und während ihre Mutter noch kritisch den Mund verzog, nickte ihr Vater zufrieden. Der Beruf geht vor.

Ihr Vater war in der Bergbauverwaltung tätig gewesen. Sein Arbeitsleben schien im Rückblick aus einer unendlichen Reihe von Überstunden zu bestehen, denn je weniger Zechen noch in Betrieb waren, desto mehr blieb abzuwickeln, und je näher er dem Rentenalter kam, desto mehr Wochenenden verbrachte er im Büro. Der Einzige, der von Anfang an dabei gewesen war, der Einzige, der sich auskannte, und er hatte das Gefühl der Unentbehrlichkeit genossen, die Verantwortung gerne getragen, für ihn gab es keinen Ersatz.

Dergleichen stand ihrer Mutter nicht zu Gebote. Sie hatte Buchhalterin werden wollen, womöglich Finanzbeamtin, aber sie schnitt in der Prüfung zu gut ab, sie hatte alle Aufgaben so brillant gelöst, dass niemand ihr glaubte, sie habe das ohne Hilfe zu bewerkstelligen gewusst, auch wenn unklar blieb, mit welchen Mitteln sie betrogen haben könnte. Umso raffinierter musste sie vorgegangen sein, mit einer gehörigen Portion krimineller Energie. Eine Hochstaplerin.

Ihre Berufsausbildung war gescheitert, sie heiratete früh und blieb Hausfrau.

Auch Mathilda hatte gelegentlich gezweifelt, ob sie diese Geschichte glauben sollte, ob ihre Mutter nicht einfach versagt hatte und diesen Vorgang hysterisch beschönigte, ja ihn ins Gegenteil verkehrte. Womöglich war es nichts anderes als ein krankhafter Ehrgeiz, zu glänzen und sich hervorzutun. Roswitha war nicht gern Hausfrau. Vielleicht war sie nicht einmal gerne Mutter. Es gab nichts, mit dem sie sich von sich ablenken konnte. Trotzdem lenkte sie sich ab, mit einer pedantischen Perfektionierung der Hausarbeit lenkte sie sich davon ab, dass ihre intellektuellen Fähigkeiten in dieser Welt nicht gefragt waren. Sollte der Argwohn der Welt berechtigt sein und diese Fähigkeiten tatsächlich bloß eine Selbsttäuschung, konnte sie immerhin eine einwandfreie Kücheneinrichtung vorweisen, alle Gerätschaften griffbereit angeordnet, unerträglich sauber.

Ihre Mutter goss ihr Tee nach, Mathilda sah sich gespiegelt auf dem weißen Bauch der Kanne, ihr Gesicht ein verzerrter Schimmer, ihre Mutter goss Tropfen für Tropfen, unerträglich langsam, sie wartete, dass Mathilda sich erklärte, sie goss so lange, dass die Tasse längst übergelaufen sein musste, sie goss in ein Fass ohne Boden, einen Abgrund der Unruhe.

Story von Roswitha. Niemand erinnerte sich mehr, wie es zugegangen war, dass Roswitha nach der gescheiterten Prüfung zur Buchhalterin eine Vorladung zu einem Gespräch in einer »befreundeten Institution« erhielt. Sie interpretierte das Schreiben so, dass man ihr noch eine letzte Chance geben wollte, also zog sie ihre beste Bluse an, polierte ihre Schuhe, spitzte zwei Bleistifte und füllte ihre Mappe mit glatten karierten Bögen Papier.

Sie ging zu Fuß eine endlos erscheinende Straße entlang, der Wind drang kalt durch ihr Wollkostüm, sie presste die Mappe an die Brust, hielt mit einer Hand den Strickhut auf dem Kopf, damit das runde Gummiband, das unter ihrem Kinn einschnitt, nicht riss.

Als sie in das Büro trat, war sie schon aufgelöst, die Haare in Unordnung, die Bluse verschwitzt. Sie hatte nicht gewagt, sich im Treppenhaus noch einmal zu kämmen, sie hatte die richtige Etage gesucht, glatte Steinstufen, ein Metallgeländer mit einem Kunststoffhandlauf, dann der Geruch von alten Aktenschränken und Bohnerwachs, von Gardinen, die jahrelang den Zigarettenrauch aufgesogen hatten, am Empfang eine schnippische Dame, die ihr, lässig zurückgelehnt, mit einem rotlackierten Fingernagel den Weg durch den Gang wies.

Zu ihrer Überraschung sollte sie nicht rechnen. Das karierte Papier, das sie sorgsam vor sich hingelegt hatte, musste sie wieder einpacken, den Stift vom Tisch nehmen. Stattdessen legte ihr ein junger Mann, der die Rolle eines Assistenten einnahm, ein Foto vor. Sie sollte zu dem Foto frei assoziieren, und der junge Mann, am Schreibtisch gegenüber, machte sich Notizen. Ab und zu stellte er eine unverfängliche Frage, um sie anzuspornen, weiterzureden: Wo genau? Mit wem? Wie sah das Gebäude aus?

Sie hatte zuerst eine Erklärung unterschrieben, die sie zu Verschwiegenheit verpflichtete. Offenbar war es nicht statthaft, eine Prüfung, die nicht bestanden war, zu wiederholen, warum machte man eine Ausnahme mit ihr. Man machte sie, weil sie am besten abgeschnitten hatte, sie empfand eine leise Genugtuung, gab es also doch Gerechtigkeit?

Nun wurde sie ausgefragt, eine Charakteranalyse, eine Psychotherapie, nur dass bei einer ärztlichen Untersuchung der Arzt die Verschwiegenheitspflicht wahren musste, aber in vielen Berufen kam es nicht in erster Linie auf die Fachkompetenz an, sondern auf die persönliche Eignung, den Teamgeist, sie beantwortete die Fragen nach bestem Gewissen, aber sie hatte Angst, dass dabei etwas herauskam, was so unvorteilhaft war, dass ihre mathematischen Fähigkeiten es nicht würden aufwiegen können, eine nicht zu überwindende Schüchternheit, eine sexuelle Präferenz, von der sie nichts ahnte, ein unbekannter Defekt, der alles zunichtemachte.

Sie konzentrierte sich auf das Foto, es zeigte einen spitzbübischen Herrn in Uniform, die Haare nass zur Seite gekämmt, die Mütze stramm an der Hosennaht, ein Bewerbungsfoto aus Zeiten, in denen man sich noch handschriftlich und ohne Bild bewarb, ihr fiel dazu wenig ein. Sie sollte sich vorstellen, wo dieser Mann lebte, sie sollte sich seinen Aufenthaltsort ausmalen, ihn möglichst exakt beschreiben, sollte sich überlegen, mit wem er Umgang pflegte, wie er sich dabei fühlte. Das alles ging ihr ein wenig zu weit, es war ein Psychotest, so viel stand fest, der etwas über sie selbst enthüllen sollte, indiskret, ja voyeuristisch, aber weil sie an Gerechtigkeit glaubte, gab sie sich Mühe, wollte die misslungene Prüfung wettmachen, die Scharte auswetzen, sie ignorierte ihr Unbehagen und fokussierte das Gesicht mit den glänzenden Strähnen in der Stirn, sie sah diesen Mann vor sich, in einem Zimmer ohne Tageslicht, die Haare jetzt kurz, er saß wie sie selbst an einem Schreibtisch, unter einer Glühbirne ohne Lampenschirm, er schrieb etwas in ein abgegriffenes Heft, und der Assistent wollte wissen, was geschrieben wurde, seine Stimme klang plötzlich nervös, wurde dringlicher, aber Roswitha konnte nur wenige Worte entziffern.

Am nächsten Tag durfte sie wiederkommen. Sie wusch abends ihre Bluse am Spülbecken aus, hängte sie tropfnass auf, bügelte sie steif, bevor sie sich schlafen legte. Sie erzählte zu Hause, dass die Prüfung noch weiterging, offenbar ein mehrteiliges Verfahren, sie konnte nicht einschätzen, wie sie bisher abgeschnitten hatte, ob sie sich eignete, und wenn ja, wofür.

Zunächst hielt sie es für Schmerzensgeld, weil sie in der Buchhaltungsprüfung versehentlich falsch beurteilt worden war. Ein Umschlag mit einem Geldschein, den die Empfangsdame ihr aushändigte, dazu ein Zettel mit einer Adresse: ihr neuer Arbeitsplatz.

Das Gebäude befand sich nur wenige Straßen weiter. Eine lange Fensterreihe im Erdgeschoss mit heruntergelassenen Rollläden, eine Eingangstür aus getöntem Glas, eine weite Halle, von der eine Treppe zum Rundfunk-Studio hinaufführte. Sie selbst fand den Weg in den Keller, wo sie mit einem ähnlichen

Setting wie am Vortag erwartet wurde. Ein kleiner, muffiger Raum, nur von einer Schreibtischlampe beleuchtet. Der Assistent legte ihr ein Bild vor, sie erkannte sofort die Mauer in Berlin, die Betonblöcke, den Stacheldrahtverhau. Sie sollte berichten, was sie hinter der Mauer vermutete, und sie berichtete von jungen Leuten, Jugendlichen im Gammlerlook, die den Twist tanzten. Als sie verlegen ansetzte, den Hüftschwung der Tänzer zu beschreiben, die Art, wie sie mit der Fußspitze kurz den Boden berührten, ihn nur antippten und sofort das Knie hoben, als sie noch nach Worten suchte, die das Anrüchige der Bewegungen neutral umschrieben, winkte der Assistent schon ab, sie waren mit diesem Bild fertig, offenbar eine Aufwärmübung. Nach einer Pause, die sie damit verbringen sollte, auf die Tischplatte zu sehen und sich zu entspannen, erhielt sie die Reproduktion eines Gemäldes, aus einem Kunstband sauber herausgetrennt, die eine Küstenlandschaft zeigte.

Die trübe See schäumte über den Strand, brach sich an einzelnen Steinen, die aus dem Wasser ragten, ein großer Findling vor einer windgebeugten Baumgruppe bildete den Mittelpunkt der Komposition, und hinter ihm erhob sich der Wald, führte ein schmaler Pfad das Steilufer hinauf. Roswitha sollte dem Pfad folgen, der sich am dunkelsten Punkt des Gemäldes zwischen den Bäumen verlor.

Sie tat, wie ihr geheißen wurde, folgte dem Pfad, schilderte die urtümlichen Bäume des Waldes, bucklig und knorrig, zerfurchte Eichenrinde, sehr hohe Buchen mit ihrem ehrwürdigen Blätterdach, den Unterwuchs. Der Assistent schrieb mit, Roswitha verlor sich in Licht und Schatten auf dem Waldboden, dann aber riss jemand in ihrem Rücken die Tür zum Kellerraum auf, trat ein dicklicher Herr ein, den Roswitha sofort als Chef begriff. Er roch nach einem süßlichen Rasierwasser, und er begann sofort süßlich mit ihr zu sprechen.

Lassen Sie das mal mit den Bäumen, Sie machen das gut,

aber gehen Sie ruhig noch ein Stück weiter, der Pfad ist ja nicht mitten im Wald zu Ende, trauen Sie sich ruhig etwas zu.

Roswitha schoss die Hitze ins Gesicht, sie wusste nicht, was sie falsch gemacht hatte, erwähnte einen Mückenschwarm, aber sie spürte, dass der Chef auch das nicht hören wollte.

Am Ende des Pfades öffnete sich eine Wiese mit Schafen, eine arkadische Landschaft, vereinzelte Hütten mit reetgedeckten Dächern, neu gebaut, aber auf alt gemacht. Der Chef hatte sich neben sie gesetzt, etwas zu nah, sein Geruch irritierte sie, aber sie spürte, dass er jetzt Interesse aufbrachte, und sie beschrieb die Hütten genauer, dekadente Ferienhäuser für eine anachoretische Gesellschaftsschicht, ein Badezimmer mit goldenen Wasserhähnen, ein Zimmer mit modernen Möbeln, wie Roswitha sie eben noch auf dem Weg durch die Innenstadt im Schaufenster gesehen hatte, glatte runde Holzgriffe an den Schränken, ein Doppelbett mit einem Nachttisch und einer Konsole wie im Hotel, das ganze Zimmer in Naturtönen gehalten, braune und beigefarbene Nuancen, ein luxuriöses Zimmer aus Stroh und Schlamm, Lehm und Sand ...

Und, rief der Chef ungeduldig, ist jemand darin?

Sie meinte einen Mann im Sessel zu erkennen, er blickte aus dem ersten Stock über die Wiese und betrachtete versonnen die grasenden Schafe.

Jetzt lassen Sie mal die Schafe, sagte der Chef drohend, was ist mit dem Mann? Er trägt einen Bart, sagte sie zögernd, wie Walter Ulbricht.

Der Chef sprang auf und schlug mit der Hand auf den Tisch. Na also, rief er, wir wussten es ja! Er schlug Roswitha schwer auf die Schulter. Weiter so, brüllte er barsch, Sie machen das großartig! Dann senkte er plötzlich väterlich die Stimme: Weiterweiterweiter!

Der Chef war vornehmlich an der Ausstattung des Ferienhauses interessiert, an der Anzahl und Qualität der Elektrogeräte, an den Außenanlagen mit Strandzugang, Sauna und Tennisplatz.

Roswitha zählte atemlos alles auf, den kleinen Hafen, die Hütte, leicht zurückgesetzt unter Büschen im Uferbereich, deren Schilfdach bis zum Boden reichte, eine Hütte, die sich äußerst unauffällig den Naturgegebenheiten einpasste und die schon darum verdächtig wirkte, es bedurfte nicht des Wachtpostens vor ihrem Eingang, der mit dem Fernglas den Strand überprüfte, das flache Wasser, auf dem in Sichtweite kein einziges Boot fuhr.

Am Strand, auf einem Frotteehandtuch, ein Mann in Badehose. Roswitha erkannte ihn sofort, sie hatte sein Konterfei in der Zeitung gesehen, aber auf einmal stieg in ihr Angst auf, eine Angst, die sich von der aufgeregten Nervosität, mit der sie die Fragen zu beantworten suchte, grundsätzlich unterschied. Es war nicht die Furcht zu versagen, es war helle Panik, vernichtet zu werden.

Sie verschwieg Erich Honecker und schilderte stattdessen eine Robbe am Strand, eine Robbe, die sich auf einem Stein sonnte, die sich im Sand wälzte, die auf dem Rücken lag und ihre Flossen spielerisch gegeneinanderpatschte.

Gutgutgutgutgut, sagte der Chef, es reicht für heute.

Die Insel Vilm, fuhr er fort, jetzt aber zu seinem Assistenten gewandt, sei von den Karten der DDR getilgt worden, um sie zu einem Urlaubsdomizil der Führungsriege zu machen, einem abgeschotteten Eiland, einem Ferienparadies. Wir sehen das kritisch, instruierte er den Assistenten, das kann man nur kritisch sehen. Wir sind da ganz bei unserem Rheinländer Heinrich Heine: Wasser predigen und Wein trinken.

Sie haben nichts gehört, sagte er zu Roswitha, forderte den Assistenten mit einem Wink auf, ihr einen vorbereiteten Umschlag zu übergeben, begleitete sie bis zur Straße.

Vom nächsten Tag an konnte sie sich nicht mehr konzen-

trieren, sie griff Dinge aus der Luft, erfand einen Koch, einen
Kellner, eine Reihe Bedienstete, sie phantasierte einen Speise-
saal mit Blick auf das Meer sowie die Gelage, die darin statt-
fanden, seltener Fisch, Austern und Trüffeln, Südfrüchte, Ana-
nas, Krimsekt, georgische Weine. Gelage und Orgien. Zu den
Orgien wollte sie nicht ins Detail gehen, der Chef drängte sie,
sie sträubte sich, es war ein Fehler, dass sie die Orgien überhaupt erwähnt hatte, von da an fiel ihr gar nichts mehr ein,
und drei Tage später schickte man sie ohne Umschlag nach
Hause. Sie war in jeder Hinsicht gescheitert.

Wir glauben an Sie, hatte der Chef auf der Straße gesagt. Wir
suchen begabte Individuen. Aber im Prinzip kann es jeder lernen, nichts Besonderes, sagte er, eine Frage der Konzentration.
Der Blick in die Ferne muss einige Störfelder durchqueren, das
ist die einzige Leistung. Wenn Sie das schaffen, dann taugen
Sie was, sagte er. Er hielt ihren Arm am Ellbogen fest und redete leiser, weil Leute vorbeigingen, redete gleichzeitig schneller.
Die eigentliche Leistung, sagte er, liegt bei mir, ich interpretie-
re Sie. Wie beim Psychiater, sagte er, hielt ihren Arm etwas fes-
ter und lachte zu laut, ich deute die Traumbilder und ziehe die
Tagesreste ab. Dazu muss ich Sie natürlich gut kennen.
    Es gehe um wichtige Dinge. Gefahrenabwehr.
    Die Passanten waren vorüber, die Straße blieb leer, aber er
sprach jetzt noch leiser, noch hastiger und noch dichter an ihrem Ohr. Jeder kann es lernen, sagte er, Sie brauchen sich
nichts darauf einzubilden, aber behalten Sie im Hinterkopf: Ge-
fahrenabwehr. Wir müssen es mit den Sowjets aufnehmen. Mit
dem ganzen Spektrum sowjetischer Strahlen. Röntgenstrah-
len. Mikrowelle. Ultraschall. Psychologische Kriegsführung.
Sie sind geeignet, sagte er, Sie sind empfindlich, empfänglich,
Sie spüren so was. Psychotronik, sagte er, erfordert den ganzen Mann, ich bin sicher, wir können Sie hier fördern.

Die Amis trainierten, um verborgene Waffendepots der Gegner zu finden. Sie könnten Truppenbewegungen vorhersagen, seien imstande, verschwundene Personen aufzuspüren. Da müsse man ansetzen, bei der Fernwahrnehmung.

Vertrauen Sie mir, sagte er, ich kann etwas aus Ihnen machen. Wir sind ja hier viel näher dran an der Ostzone, das wäre doch gelacht, wenn wir da nicht bessere Ergebnisse erzielen. Also, sagte er, ließ ihren Arm endlich los und gab ihr mit der freien Hand einen Klaps, ich zähle auf Sie.

Psychologische Kriegsführung, dachte Mathilda, Fernwahrnehmung, Hellsehen, Gedankenlesen – jede Tochter konnte ein Lied davon singen. Das Misstrauen ihrer Mutter war körperlich zu spüren, natürlich wusste ihre Mutter, dass etwas nicht stimmte.

Mathilda stach in die Rote Beete. Sie würde bei ihrer Linie bleiben, sich nichts, aber auch gar nichts anmerken lassen. Sie schluckte die blutroten, wachsweichen Brocken, sie biss auf ein Stück roher Zwiebel, das etwas zu groß geraten war, ganz frisch und sehr scharf, und sie konnte nicht mehr verhindern, dass ihr die Augen zu tränen begannen, wenn auch nur für den einen Moment.

Spukhafte Fernwirkung galt in der Quantentheorie als gesichert. Zwei Teilchen kommunizierten über ungeheuerliche Entfernungen miteinander und verhielten sich aufeinander bezogen, obgleich so etwas räumlich nicht möglich war, es sei denn, man gab das Lokalitätsprinzip vollständig auf. Mathilda hatte es augenblicklich eingeleuchtet. Spukhafte Fernwirkung kannte jede Tochter aus eigener Erfahrung, wenn sie die Stimmungslage ihrer Mutter erspürte, ganz egal, in welcher Entfernung sich diese befand. Zu Mathildas Leidwesen galt dies auch umgekehrt, ihre Mutter wusste über geheimnisvolle

Kanäle immer Bescheid, wie es um ihre Verfassung bestellt war, und Mathilda hatte sich angewöhnt, ihr Innenleben nach Möglichkeit zu reduzieren, um ihrer Mutter keine unnötigen Einblicke zu gewähren. Sie versuchte, selbst nichts davon wahrzunehmen, sich maximal abzuschotten. Aber dadurch ließ sich die lästige Abhängigkeit nicht aufheben, letztlich blieb sie eine Bestätigung ihrer Verbundenheit jenseits von Raum und Zeit, dort, wo die Stimme ihrer Mutter lautlos weitersprach.

Die ohne Geheimnisse pflegt Zurückhaltung
wie eine Brachfläche, wie ein verwilderter Bahndamm,
sie bleibt gelassen wie ein leeres Feld, glänzend vor Nässe,
ein Feld, dessen Saat noch nicht aufging.
Sie ist ohne Hintergrund, wie ein Gast in der Fremde,
betrachtet die anderen voller Respekt, denn sie kann sich
nicht auf Unterstützung verlassen, nicht von der Familie
noch aus der Nachbarschaft, dem näheren Umfeld,
denn diese sind unaufdringlich und zu bescheiden.
Sie bewegt sich in Gesellschaft wie auf dünnem Eis,
vorsichtig, zögerlich und voller Furcht, denn ein Fehltritt
ist nicht wiedergutzumachen.
Die ohne Geheimnisse zittert wie Laub im Wind,
sie lässt sich treiben, ein abgerissener Zweig im Wasser,
der sich der Strömung hingibt, dem Schwung und der Klarheit.
Sie fliegt unter dem Radar,
stiekum, doch ohne Geheimnis, denn wer wäre sie,
ein Geheimnis zu halten. Wer etwas verbergen will,
müsste ein Berg sein.
Sie aber verfügt über ihre Leere wie ein Tal,
ein offener Abgrund, von jedermann zu betreten.
Sie bebt vor diesem jedermann, der keine Spur hinterlässt,
wie flirrende Hitze im Sommer.
Sie besitzt keine Form, wie Wellen, wie Gischt.

Kreidekleid

Im Dunkeln ging Mathilda zur Waschmaschine und stopfte alle Kleidungsstücke, die sie am Leib trug, hinein. Sie startete die Maschine, stellte sich unter die Dusche, drehte schließlich das Wasser ab, stand mit geneigtem Kopf in der Duschwanne und horchte darauf, wie die Tropfen aus ihren Haaren auf die Emaille fielen.

Sie trocknete sich ab und ging ins Wohnzimmer, ließ sich, in das Handtuch gewickelt, aufs Sofa fallen, zu müde, um eine Treppe hinaufzusteigen, zu müde, um ihr Bett aufzusuchen, zu müde, um jemals wieder einzuschlafen.

Sie lauschte auf die Leere des Raums. Die Waschmaschine lief mit einem leisen Surren, das Sofa knackte. Sie war allein.

Das letzte Telefonat mit ihrem Mann war mehrere Tage her. Schlechte Akustik, hektisch, Angst, dass die Verbindung abriss. Sie war nicht besonders freundlich gewesen, konnte ihn schlecht verstehen, das Telefonat trug nichts dazu bei, die Situation zu klären, er befand sich irgendwo an einem unbestimmten Ort, er teilte nicht mit, wie lange er noch dort zu bleiben gedachte, es gelang ihr nicht, ihm eine brauchbare Information zu entlocken, und es war ihr bewusst, dass sie ihn am Ende unbeherrscht angefahren hatte und dass darüber auch die schlechte Leitung nicht hinwegtäuschen konnte.

Er klang ungewöhnlich aufgewühlt, wie betrunken. Sie hatte den Eindruck, dass er sich einen schlechten Scherz mit ihr erlaubte, womöglich gemeinsam mit seinen Kollegen, die im Hintergrund mithörten. Als hätten ihn die Kollegen zu einer albernen Wette genötigt, jedenfalls irgendein dummes Zeug ausgeheckt, das sie weniger gelassen hinzunehmen in der Lage war, als sie von sich selbst erwartet hätte. Sie ärgerte sich im Nachhinein maßlos über sich, sie hatte ihn beschimpft, ihr waren sogar die Tränen gekommen, falls es sich um ein Machtspiel handelte, hatte sie damit endgültig ihre Unterlegenheit bewiesen. Aber sie wollte sich in diese Sache nicht hineinsteigern, er würde seine Gründe haben. Immerhin hatte er angerufen.

Selbstverständlich kannte sie all die Geschichten von Männern, die von einem Moment auf den anderen ihre Familie verließen, ohne dass es vorher das geringste Anzeichen von Unzufriedenheit gegeben hatte. Solche Geschichten hielt sie für Unfug. Wenn der andere Teil des Paares im Vorfeld einer derartig extremen Entscheidung keinerlei Anzeichen bemerkt haben wollte, dann musste auch mit diesem etwas nicht stimmen, also in diesem Fall mit ihr. Diesen Verdacht konnte sie getrost von sich weisen. Sie hatte sich nichts vorzuwerfen, sie ging ihrer Arbeit nach, pflegte verlässlich, wenn auch etwas freudlos, einige private Kontakte, unterstützte ihn bei seinen wissenschaftlichen Projekten, die allerdings wenig einbrachten, weil er sich in den letzten Jahren zunehmend exzentrischen Spezialgebieten widmete, während von ihr eine gewisse Stabilität erwartet wurde, eine zuverlässige Einkommensgrundlage sowie die damit verbundene charakterliche, persönliche Unauffälligkeit.

Immerhin hatte er angerufen. Sie nahm ihn vor sich selbst in Schutz. Die Waschmaschine begann zu schleudern, das Zimmer drehte sich um sie, sie zwang sich aufzustehen, ließ das Handtuch liegen, stieg die Treppe hinauf und stellte sich den Wecker, wie immer.

Es lohnte sich kaum, jetzt noch zu schlafen. Sie schlüpfte unter die Decke, aber das Zimmer drehte sich weiter, zog Schlieren, Schlingen, Schwindel um sie herum. Sie strich sich die Haare aus dem Gesicht, lange Haare, feucht, die kalt auf der Haut klebten, die sich um ihren Hals legten, das Kinn einschnürten, Haare, die sie dichter und dichter einspannen wie in einen Kokon, dunkle Strähnen, verknotete zähe Fäden, Fell- und Federreste, Flusen, Staub, Erinnerungen an alles, was sie in sich hineingefressen und nie wieder ausgespien hatte, auf einmal schwebte das im Raum wie ein unmäßiges Fangnetz, sie mittendrin, ein umwickeltes, gebanntes Objekt. Das Gespinst zerreißen, sich einen Weg dort hindurchbahnen – sie griff mit der Hand ins Dunkle, wischte durch die Luft, wie sie Kreidestriche von der Tafel wischte, nichts geschah. Der schwarze Fadenvorhang schien an ihrer Hand zu haften, aufgeladen wie Polyestergarn, und hatte sie nicht eben noch mit dem Hinterkopf das Kunstseidenkissen des Sofas berührt? Hing diese Empfindung nicht noch immer an ihr fest, der kühle Satinstoff, glatt, ein einziges Rutschen, eine Schieflage, die sich nicht mehr von ihr lösen wollte, die sie in eine merkwürdige Position brachte, schlecht ausbalanciert, immer nach unten hin tendierend, das Haupt hoch auf dem Polster, aber auf einem sagenhaft schlittrigen Grund.

Sie raste einen abschüssigen Hang hinab, sie flog über eine Schanze und dann auf Höhe der Baumwipfel weiter, Zweige schlugen ihr ins Gesicht, das nasse Laub ohrfeigte, peitschte, es lag keinerlei Schnee, aber es herrschte ein grundsätzliches Gefälle von 40 Prozent, sie hatte sich abgestoßen und war irgendwo entlanggeglitten, der Körper haltlos hängend, der Raum eine Grube, als der Wecker klingelte, landete sie hart.

Kurz nach dem Wecker klingelte das Telefon.
Kind, bist du dran? Ist alles in Ordnung?

Ihre Mutter hatte schlecht geträumt. Hatte von ihr, Mathilda, geträumt und wertete das als negatives Omen. Denn wenn sie schon träumte, war es bereits zu spät, noch etwas zu richten, geradezurücken, zu verhindern, wenn sie träumte, war der schlimmste Fall bereits eingetreten, wenn sie geträumt hatte, war die Katastrophe schon da.

Stell dir vor, wer gestern Abend spät noch bei uns war. Birte. Birte kam nicht bei ihrem Vater hinein, er hat auf das Klingeln nicht reagiert, sie hat von hier aus versucht, bei ihm anzurufen, warum besitzt sie eigentlich kein Mobiltelefon?

Birte hatte zwei Stunden bei ihnen verbracht, bis sie den Vater schließlich erreichte, sie waren schon darauf eingestellt gewesen, ihr ein Lager auf der Couch zu errichten, weshalb kannte sie eigentlich sonst niemanden mehr in dem Ort, in dem sie aufgewachsen war?

Vielleicht hat sie damit gerechnet, mich noch anzutreffen, versuchte Mathilda.

Sie hat dich überhaupt nicht erwähnt. Sie wollte mit mir sprechen. In der Stimme ihrer Mutter plötzlich etwas Triumphales, Triangulierendes, leicht Tückisches.

Erzähl mir das heute Nachmittag genauer, sagte Mathilda und zwang sich, den Hörer nicht auf die Gabel zu knallen, sondern sehr sanft einrasten zu lassen, mit spitzen Fingern, geschürzten Lippen, gesträubtem Haar.

Ab diesem Moment war der Tag belastet. Sie hatte das Gefühl, es lag ein Fluch auf ihr. In der Küche zerbrach ihr die Tasse, die Birte benutzt hatte. Die Tasse war gespült, abgetrocknet, eingeräumt, aber als sie den Schrank öffnete, fiel sie ihr entgegen. Sie hatte keine Zeit mehr, die Scherben einzusammeln, trotzdem nahm sie eine vom Boden auf, schnitt sich in die Handfläche, versuchte hektisch, das Blut zu stillen, verschmutzte damit ihre Bluse, zog sich neu an, und so ging es Stunde um Stunde weiter.

Zum ersten Mal in ihrer gesamten Laufbahn betrat sie eine Klasse leicht verspätet. Es herrschte bereits Unruhe, die Schüler waren irritiert, sich selbst überlassen, hilflos in der Zeit verloren. Als sie kam, noch leicht atemlos, unkonzentriert, mit schlechtem Gewissen, nahm die Unruhe zu. Man durfte kein Schuldgefühl aufkommen lassen, Lehrerfehler Nummer eins. Sich nicht unterlegen fühlen, Probleme nicht vertuschen, niemals davon abweichen, alle Dinge auf Augenhöhe zu regeln, in gegenseitigem Respekt. Aber heute ging sie schweigend darüber hinweg, dass sie fünf Minuten in Verzug war, sie begann mit dem Unterricht ohne erklärende Worte, sie zwang sie in die Kurvendiskussion, strenger als sonst, ja mit einer gewissen Unerbittlichkeit, aber niemand hörte zu, und sie sprach einfach weiter, als ob nichts wäre, eine ungerührte Automate, mechanisch, frontal.

Sie brachte die Stunde hinter sich und verließ den Raum ein wenig zu schnell. Das Unbehagen würde schwinden, davon ging sie aus, weil sie als Nächstes den Referendar zu begleiten hatte, einen tüchtigen jungen Mann, der mit den Schülern bestens zurechtkam, sie zu motivieren wusste, ja zu begeistern, ohne fachlich die geringsten Abstriche zu machen.

Sie ging ihm im Lehrerzimmer entgegen. Täuschte sie sich, oder zuckte er vor ihr zurück? Weiteten sich seine Augen, als sie ihm die Hand entgegenstreckte, las sie nicht Angst, Entsetzen darin? Nun gut, auch wenn sie bisher große Stücke auf ihn hielt, es handelte sich für ihn trotz allem um eine Prüfungssituation. Sie bewegte auffordernd die ausgestreckte Hand, es dauerte etwas zu lange, bis er sie ergriff.

Im Lehrerzimmer konnte man nicht sprechen. Sie jedenfalls hatte es sich zur Regel gemacht, nicht gegen die Stimmen der

Kollegen, gegen die klappernden Kaffeetassen, gegen das geschäftige Getue anzureden. Sie führte den Referendar nach draußen, aber auch beim Weg durch die Flure, durch die lärmenden Kindergruppen, die um sie herumwuselten und mit ihren voluminösen Rucksäcken alles blockierten, blieb sie stumm. Ein aufmunterndes Wort wäre jetzt vonnöten gewesen, eine freundliche Geste, aber ihr gefiel das verschlagene Gehabe nicht, mit dem er sich dicht an der Wand entlangdrückte und es ihr überließ, den Weg durch die Mitte zu bahnen. Ein junger Mann aus gutem Hause, dunkelhaarig, feinnervig, ehrgeizig, sonst von ausgesuchter Höflichkeit, die im Rahmen des Schulunterrichts übertrieben wirkte, nicht direkt deplatziert, denn selbstverständlich pflegte man den höflichen Umgang miteinander, aber doch maniert, ein wenig gestelzt. Er hatte eine eigene Musikerkarriere nicht realisieren können, seine Träume, ein berühmter Pianist zu werden, waren an mangelndem Talent gescheitert, es ließ sich nicht beschönigen, dass er auch wenig andere ausgesprochene Talente besaß, so wurde er also Musiklehrer, und hier hielt er sich ganz ordentlich, sie war zufrieden mit ihm.

Sie überquerten den Schulhof, betraten den Seitenflügel, die Kinder hatten sich verlaufen, sie gingen schweigend nebeneinander durch den mintgrün gestrichenen Gang, vorbei an den Stellwänden mit dem Vasenprojekt der Kunstklassen, das darin bestand, die Schwarzfigurendekore griechischer Gefäße abzuzeichnen, vorbei an den Toilettentüren, aus denen der scharfe Geruch nach Reinigungsmittel strömte, der noch schlimmer war als der nach Urin, sie gingen am Mintgrün entlang, der Farbe von osteuropäischen Anstaltsfluren, sie wollte dem Referendar gegenüber eine lässige Bemerkung dazu machen, aber er ging konzentriert voran, er hatte sich von ihr abgewandt, als wolle er sich noch einmal sammeln, und das akzeptierte sie natürlich. Der Geruch, der sie umwehte, kam nicht vom Reinigungsmittel, sondern von seinem Parfüm. Auf einmal fühlte sie sich herabgesetzt, weil er nicht mit ihr sprach, als müsse er sie auf diesem elenden Gang spüren lassen, dass er über eine gehobenere Herkunft, eine bessere Kinderstube verfügte als sie, als handele es sich bei dem hierarchischen Unterschied ihrer jeweiligen Stellung um eine vorübergehende Täuschung, die sie allerdings in die Pflicht nahm, ihn besser zu bewerten, als er es verdiente, sozusagen als ausgleichende Gerechtigkeit.

Sie konnte diesen Gedanken nicht weiterverfolgen, da sie das Musikzimmer erreichten. Sie sonderte sich unauffällig ab, nahm auf einem der ergonomischen Stühle ganz hinten Platz und ließ ihn beginnen, schlank und dynamisch, Pianistenfinger, Künstlerschal.

Die Klasse hatte keine Lust zu singen. Nicht die geringste Lust. Romantisches Kunstlied. Es war das Lied, das alle Klassen anstandslos sangen, flotte Melodie, sehr schöne Klavierbegleitung, die auch den erbärmlichsten Gesang noch zu etwas Erfreulichem machte, die es zumindest erleichterte, das eigene Gemüt von den Klängen erheben zu lassen, es gab eine Tonspur, auf der alles andere aufbauen konnte.

Aber heute kam es nicht dazu. Von Anfang an lag ein Widerstand in der Luft, eine Verweigerungshaltung, erst spürte sie die Ignoranz, dann sah sie sie auch.

Ein hochgewachsenes Mädchen zog die Oberlippe hoch, zeigte eine Reihe perfekter Perlzähne, hielt sich die Nase zu, ihre Nachbarin griff sich an den Hals, ließ die Zunge heraushängen. Es stinkt, sagte ein Schüler. Die Klasse würgte das Lied heraus, sie zog die Töne in die Länge, grunzte und ächzte, sie erbrach sich an diesem Lied, der Referendar wusste nicht, was er tun sollte, und auch Mathilda wusste nicht weiter.

Es lag an ihr, nicht an ihm. Sie hatte diese Stimmung mitgebracht, sie zog Aggressionen auf sich, Abscheu, Hass.

Der Referendar spielte weiter, erging sich in der Klavierstimme, spielte lauter, trumpfte auf. Die Klasse sang schleppend, imitierte das ausgeleierte Band einer Kassette, setzte verzögert ein, fiepste und verzerrte, es war ein Jaulen und Winseln, Gesang aus dem Höllenschlund.

Schluss jetzt, wollte Mathilda sagen, sie wollte aufstehen und für Ordnung sorgen, den jungen Mann unterstützen, aber sie blieb sitzen, als könne sie es nicht wagen, sein grandioses Klavierspiel zu unterbrechen.

Sie standen danach im Flur vor der schwarzfigurigen Vasenmalerei. Der Referendar wandte den Blättern den Rücken zu und sah den Jugendlichen nach, die achtlos an ihnen vorbei auf den Pausenhof strömten, als seien auch sie beide nicht mehr als ein Schatten auf einem Blättchen Papier. Verschiedene Vasenformen, Krüge, Schalen, Amphoren kamen auf den Zeichnungen zur Geltung, und hier hatte die Herausforderung darin bestanden, die Proportionen zwischen Lippe, Bauch, Hals, Fuß des Gefäßes zu wahren, mehr noch war es aber darum gegangen, die Proportionen der konturierten Silhouetten, die auf den Vasen eingebrannt waren, entsprechend zu kopieren, kämpfende Leiber, tanzende Mänaden, mehrköpfige Bestien, Perseus verfolgt von drei Gorgonen, würdevoll schreitende Tierwesen, Flügelgestalten.

Mathilda bewunderte die Kunstpädagogen, denen es hier gelungen war, die ihnen anvertrauten jungen Menschen zu einer hochkonzentrierten Tätigkeit zu bewegen, mit Ergebnissen, die sich sehen lassen konnten, die nicht, wie ein dahingeträllertes Liedchen, sofort im Nichts der unendlichen Räume verpufften.

Der Referendar rang um Fassung. Im Flur ein Luftzug, die sinnlos verstreichende Zeit. Es war nicht der Augenblick, mit ihm darüber zu sprechen, ob er für den Lehrberuf wirklich geeignet war. Selbstverständlich war er geeignet, man musste schon ausgesprochen verkorkst sein, um sich für diesen Beruf nicht zu eignen. Er war ein freundlicher, ein bemühter junger Mann, sie hatte gegen ihn keinen Einwand.

Sie dürfen Ihr Herz nicht an die Inhalte hängen, sagte sie ihm schließlich, Sie müssen kaltschnäuziger werden, das gilt ganz besonders für das Fach Musik. Romantisches Kunstlied, ein heikles Thema, zu viel Gefühl von Ihrer Seite überfordert die Klasse, gerade wenn die Emotionen in einem Stück überschießen, sollten Sie nüchtern bleiben, am besten ganz neutral. Motivieren durchaus, aber Sie sind kein Animateur, das bleibt immer eine Gratwanderung. Beginnen Sie im Zweifelsfall mit der Partituranalyse.

Sie ließ ihn stehen und eilte zu ihrer nächsten Unterrichtsstunde, die sie pünktlich begann, aber ungewohnt kraftlos, als sei sie über Nacht zu einer substanzlosen Figur geworden, ein schwarzes Loch, in das hinein die Kreidestücke fielen, die aus der Tiefe des Klassenraums auftauchten, einen Bogen beschrieben und hinter ihr, weit hinter ihr verschwanden, Kreidestücke, die sie an anderen Tagen mit einer lässigen Bewegung aus der Luft fischte, ohne ihre Rede zu unterbrechen, eine Geste mit der linken Hand, die so souverän war, dass der Klasse der Atem stockte und anderweitige Störungen sofort unterblieben. Heute gelang es ihr nicht, das Kräfteverhältnis zu klären, kein Wunder, sie war übermüdet.

In der Konferenz wandte sich die Mehrheit gegen sie. Kreidestaub hing in der Luft, obwohl der Konferenzraum nicht über eine Wandtafel verfügte, sie selbst musste ihn hereingetragen haben, ein Hauch von einer Haut, eine unsichtbar schützende Hülle, ein Kreidekleid, das endgültig zerfiel. Sie atmete trockene Partikel, ihre Kehle füllte sich mit Staub, sie schluckte ihre Argumente hinunter, widersprach den Kollegen nicht länger, sie bot keine Angriffsfläche, sie passte sich an. Kreide in der Luft, Mehl, Puder, Asche, Ruß, sie lächelte durch den Schleier in die Runde, sie fixierte einen nach dem anderen und lächelte versöhnlich, dann auffordernd, dann grimmig, aber niemand lächelte zurück.

Als sie das Schulgebäude verließ, stand ihr noch die Schülerarbeit aus der Flurpräsentation vor Augen, die sie als besonders gelungen empfand. Eine Sirene auf einem Felsen, die Flügel halb geöffnet, sichtbare Krallen, die Brüste geschwellt, ein bärtiges Frauengesicht. Das Kind, das dieses Motiv abgezeichnet hatte, ließ sich von den widersprüchlichen Signalen offenbar nicht irritieren, es gab sorgfältig alle Details wieder, das leicht gelockte Haar, den unten eingerollten Bart, den kurzen, breitgefiederten Schwanz, der dicht am Boden aufsaß. Es war erstaunlich, dass Schüler zu einer solch exakten Darstellung einer Sirene fähig waren, während sie, was den Gesang betraf, nicht den geringsten Ehrgeiz zeigten. Von verführerischem Sirenengesang konnte keine Rede sein, eher näherten sie sich mit ihrem Gemaule und Geseufze dem grauenerregenden Chor der Erinnyen. Aber sie waren in der Lage, die Anatomie der Vögel und die Merkmale des Weiblichen so überzeugend zu kombinieren, dass auch eine ägyptisch anmutende Barttracht keine Zweifel an der Femininität aufkommen ließ. Frauen mit Rollbart, ein Machtsymbol wie an anderen Gestalten Hörner, aber der Bart verlor sich im Laufe der Zeit, er war nicht erforderlich, weil die anderen Attribute ausreichten, Flügel und Klauen, die ihre Verwandtschaft zu den Harpyien, den Rafferinnen, zeigten. Jemand wurde dahingerafft, so hieß es noch immer, auch wenn bei dieser Redewendung die Vorstellung eines räuberischen Vogelwesens, das die Seele ins Totenreich überführte, inzwischen verblasst war.

Mathilda raschelte durch das trockene Laub. Im Rückblick gefiel ihr das scheußliche Geheule, das die Klasse zum Besten gegeben hatte. Wer brauchte schon glockenhelle Stimmchen, die ewigen Knabenchöre, Kastraten. Ein Mädchenchor galt immer noch als minderwertig. Keine Mädchenstimme, dies war und blieb die allgemeine Auffassung, erreichte die engelsgleiche Klarheit eines vorpubertären Knabengesangs. Auch der junge Referendar behauptete von sich, den Unterschied ohne weiteres hören zu können, das hatte sie immer schon in Rage versetzt, denn sie selbst sah sich dazu keineswegs in der Lage. Es gab Unterschiede im Ausbildungsbeginn, um die kleinen Jungen wurde erheblich mehr Aufhebens gemacht, man riss sie praktisch aus der Wiege direkt in den Vorchor, weil die hohe Stimme nur wenige Jahre blieb. Um Mädchen musste man sich nicht bemühen, sie waren permanent verfügbar, und mit der Stimmbildung hatte es weniger Eile.

Die Engelschöre enthielten gleichwohl den Widerhall des Grauens und des Schreckens. Die himmlischen Heerscharen, wehrhaft mit Flamme und Schwert, konnten sich durchaus mit den wahnerzeugenden, giftspritzenden Erinnyen messen, geflügelten Frauen, die frevelhaftes Verhalten rächten, die das Gewissen verkörperten wie der Erzengel Michael bei der Vertreibung aus dem Paradies der Unschuld. Die Harpyien trugen die abgeschiedenen Seelen ins Jenseits, sie waren Todesdämonen wie die Schutzengel, die die Seele auf all ihren Pfaden begleiteten, auch auf dem letzten. Die Sirenen verführten dazu, sich ihnen zu nähern, sich von ihrem Gesang verzaubern zu lassen, in eine andere Wirklichkeit einzutreten und sich willenlos höheren Mächten anzuvertrauen, wie es auch beim Eintritt in die Sphären der Seligen ohne Wenn und Aber von den Anwärtern erwartet wurde, und selbst der versteinernde Blick der Medusa spiegelte sich in den weit geöffneten, starren Augen der himmlischen Boten, die gewöhnlich eine lebensentscheidende Nachricht überbrachten, gegen die kein Einwand möglich war.

Das Furchterregende der geflügelten Frauen zeigte sich in ihren Vogelklauen, während im Unterschied dazu die Engel menschlich geformte Füße besaßen, ein Umstand, der in der Ikonographie maßlos überbetont wurde: Weil Engel kaum den Boden berührten, brauchten sie naturgemäß auch keine Schuhe, und wenn schon Schuhe, weil sie eben doch irgendwo auf festem Grund gelandet waren, reichten römische Sandalen vollkommen aus, ein Schuhwerk wiederum, das paradoxerweise die Barfüßigkeit, den Anblick der schlanken, geschmeidigen Zehen zur Schau stellte.

Einmal, ein einziges Mal barfuß vor die Klasse treten, barfuß den Chor dirigieren, entsprechend gewandet, im Chorgewand eben, aber auf das Gewand kam es in dem Fall nicht so sehr an, auch wenn das Gewand mit seinem weiten Faltenwurf nebst der Erinnerung an antike Kleidungsstücke die Anmutung von Fittichen beitrug. Es waren nicht die Flügel, die die höherstufigen Wesen von den Schreckensgestalten unterschieden, es waren die unbewehrten, empfindlichen Füße.

Drachenatem

In der Küche lagen immer noch die Scherben vom Morgen. Selbst eine einfache Tasse war zu feindlichen Attacken imstande. Sie hatte Lust, auf die Scherben einzutreten, sie zusammenzustampfen, sie zu pulverisieren, mit den Wanderschuhen kein Problem, aber sie riss sich zusammen, klaubte die einzelnen Teile auf, wusch sie vorsichtig unter fließendem Wasser und legte sie zum Trocknen ab, um sie später mit Porzellankleber wieder zusammenzusetzen.

Das Haus war zu still. Sie saß eine Weile am Schreibtisch und korrigierte Klausuren, aber es ging ihr schnell von der Hand. Für die kommenden Tage bis zu den Herbstferien gab es nichts weiter vorzubereiten, sie plante langfristig und war mit allem längst fertig, sie hatte auf einmal nichts mehr zu tun. Die Zimmer penibel aufgeräumt, die Küche eine einzige sterile Arbeitsfläche, ohne Dinge, die lose herumstanden. Nicht einmal ihre Mutter erreichte ein solches Niveau. Sie packte die Klausuren sorgfältig ein, schob alles in die Tasche, was sie am nächsten Tag brauchte, die Bücher, den Laptop, den USB-Stick und einen identischen Stick als Ersatz.

Im Wohnzimmer überprüfte sie die beiden Pflanzen, sie waren noch feucht genug, spreizten ihre einwandfreien Lanzettblätter gleichmäßig im Rund, es gab keine schlaffe Blüte, sie standen perfekt.

Mathilda ließ sich auf dem Sofa nieder. Mitten am Tag, nicht die Stunde fürs Sofa, aber sie fühlte sich von der Müdigkeit so niedergedrückt, dass es an Depression grenzte. Allgemeine Lustlosigkeit. Antriebsschwäche. Übertrieben reizbar.

Ihre Kollegen schworen in solch einer Situation auf den soge-
nannten Power Nap, eine Gewohnheit, mit der sie erst gar nicht
anfangen wollte, denn es handelte sich dabei um nichts als
eine verklausulierte Form des altgedienten Mittagsschlafs. Mit-
tagsschlaf! Weil ihr nichts Besseres einfiel, holte sie sich eine
Wolldecke aus dem Schrank. Wichtig war das Provisorische,
denn es ging nicht darum, sich zu gemütlich einzurichten, sondern nach spätestens zwanzig Minuten wieder einsatzbereit
zu sein.

Sie legte sich so, dass sie den Telefonapparat im Blick hatte. Sie besaßen noch ein altes, hellgraues Gerät mit Wähl-
scheibe, von dem ihr Mann sich nicht trennen wollte, weil
ihm die zeitlose Form hervorragend in die schlichte Neutra-
lität ihrer Einrichtung zu passen schien. Unter den neueren
Modellen gab es kein Äquivalent, das auch nur annähernd
wenig Schnickschnack aufwies; eine Rückruftaste oder einen
Anrufbeantworter, gar einen kabellosen Hörer hielt er für
unnötiges Ornament und ein Verbrechen am guten Geschmack.

Sie selbst hätte einige Zusatzfunktionen, namentlich den
Anrufbeantworter, nicht verkehrt gefunden, aber im Zweifelsfall konnte sie auf ihr Mobiltelefon zurückgreifen. Ihr war die
Gestaltung der Innenräume nicht wichtig, und wenn ihr Mann
der Meinung war, sich auf diesem Gebiet persönlich entfalten
zu müssen, übte sie eine unendliche Toleranz.

Sie nahm hin, dass er sich standhaft weigerte, sie auf ihrem
Mobilgerät zu kontaktieren, um mit dieser Maßnahme die Not-
wendigkeit eines Festnetzanschlusses künstlich zu erhöhen, um
den Festnetzanschluss vor der rasenden Modernität zu retten
und ihm die erforderliche Geltung zu verschaffen, und sie ertrug kommentarlos den Widerspruch, dass er selbst mit einem
tragbaren Telefon unterwegs war, weil er ja schließlich imstan-

de sein wollte, sie zu erreichen, wenn sie zu Hause auf dem Sofa auf ihn wartete.

Wie jetzt.

Abwesenheit. Die anwesenden Dinge zeigten nicht sich selbst, sie ließen das hervortreten, was fehlte. Es war nicht Staub, der auf sie niedersank, Staub war in diesem Haushalt auch praktisch nicht vorhanden, es war feiner als Staub, entzog sich dem direkten Blick, eine Leere, die auf den Dingen lastete, sie einsam machte, isolierte. Sie nahm es trotzdem wahr, wie aus den Augenwinkeln, eine unsichtbare Daunenschicht, die jeden einzelnen Gegenstand umhüllte wie Schnee, seine Form und seine Funktion verzerrte, die Dinge waren abgerückt, nicht mehr brauchbar, nur noch ein schwaches Signal, dass hier einmal etwas gewesen sein musste, aber man hatte es nicht zu würdigen gewusst, es nicht so geschätzt, dass es sich jederzeit reaktivieren ließ, dabei hatte sich nichts verändert, alles befand sich an seinem Platz, gehörte ihr. Und gehörte ihr ganz und gar nicht, denn das Abwesende hatte sich aller Dinge im Zimmer bemächtigt, sie so weit von ihr entfernt, dass sie nichts mehr zu benutzen wagte. Die Abwesenheit hatte von den Räumen Besitz ergriffen, auch von ihr, sie gehörte zu den verlassenen, nicht mehr verwendungsfähigen Dingen, die unter einem federleichten Fittich langsam erstickten.

Als das Telefon klingelte, warf sie die Wolldecke ab. Sie war alarmiert, alarmierter, als es der Alarmton des Telefons verursachen konnte. Atmete schwer, als sie den Hörer abnahm. Sie riss ihn an die Brust, dann erst ans Ohr.

Es war Olivia. Sie wollte das Wochenende rekapitulieren, den Waldbrand.

Es war mein Wald, sagte sie zusammenhanglos.

Mathilda begriff nicht, worum es ihr ging.

Nach und nach kristallisierte sich heraus, dass es sich bei dem abgebrannten Waldstück um ein Gebiet handelte, das sich im Besitz von Olivias Familie befand. Da Olivia der Wald als solcher vollkommen gleichgültig war, hatte sie keinen Überblick, welche Parzellen ihr gehörten. Das war Sache des Försters. Aber nun war man an sie herangetreten, die Verwaltung, die Versicherung, die Polizei, die Presse, sie wusste nicht mehr, wo ihr der Kopf stand.

Ich bin ausgebrannt, sagte sie. Burnout.

Ob Mathilda kommen könnte, um sie zu unterstützen. Nicht beim Papierkram, nur moralisch. Sie wollte durch den abgebrannten Wald gehen und sich selbst einen Eindruck verschaffen. Ihr Gang nach Canossa. Durch den Wald, den sie sträflich vernachlässigt hatte. Sie brauchte jemanden, der sie im Büßerhemd fotografierte.

Mathilda hielt den Hörer in den Raum und ließ das regelmäßige Tuten über die Gegenstände wandern, über das Sofa ohne Rückenlehne, das ihr Mann penetrant Chaiselongue nannte oder sogar Triclinium, über den bauhauskonformen Schwingsessel aus verchromten Stahlrohren, über das Klavier, das Bildbandregal. Dann richtete sie es auf nichts Bestimmtes mehr, der Klang strömte in den Raum und verlor sich dort, erneuerte sich wieder, leer und unaufhörlich zugleich.

Sie drückte einmal entschlossen auf die Gabel, übergoss alle Dinge mit dem nicht enden wollenden Dauerton des Freizeichens und wählte die Nummer ihrer Mutter.

Worüber hast du mit Birte gesprochen?, fragte Mathilda ohne Einleitung.

Birte? Ihre Mutter schien nicht nur vergessen zu haben, dass sie am Morgen den Besuch von Birte kurz referiert hatte, sie schien sogar vergessen zu haben, dass Birte überhaupt da gewesen war.

Ach, Birte. Da war nichts weiter, sagte sie schließlich. Sie kam zu uns, um zu telefonieren. Ich habe dir doch schon alles erzählt.

Aber dann wollte sie wissen, wie es Mathilda ging, ob Mathilda Unbill widerfahren sei, etwas Unangenehmes zugestoßen, ob sie Ärger auf sich gezogen habe. Man wusste ja nie, in welcher Form sich ein schlechtes Vorgefühl manifestierte.

Seit heute Morgen lastet ein Fluch auf mir, hätte Mathilda am liebsten gesagt, aber sie biss sich auf die Zunge, versicherte, alles sei in bester Ordnung, und wenn es nichts weiter zu berichten gebe, dann lege sie jetzt auf, sie habe noch zu tun.

Birte und ihre Mutter plötzlich eine verschworene Gemeinschaft? Mathilda wusste nicht, was sie davon halten sollte. Wahrscheinlich hatte Birte einfach ihr Leid geklagt, überfordert mit der Tochter, mit dem Gastgewerbe, einem Mann, der nichts verdiente, und ihre Mutter hatte interessiert zugehört, sie bedauert und getröstet und sich insgeheim geärgert, dass Mathilda nicht auf dieselbe Weise mit ihren Problemen zu ihr kam, dass sie nie Rat suchte, dass sie erst gar nichts anfasste, was ihr nicht gelang, dass es ihr zu gut ging, um sich der mütterlichen Weisheit zu unterwerfen.

Nein, warte mal, sagte sie. Jetzt fällt es mir wieder ein. Birte hat sich über dich beschwert.

Beschwert, sagte Mathilda.

Sie findet, du seist nicht normal. Du gibst es nur vor.

Was heißt schon normal, sagte Mathilda. Darüber müssen wir jetzt nicht sprechen.

Birte hatte offenbar einen Lebensrückblick gewagt, begonnen, Bilanz zu ziehen und die Dinge im Nachhinein neu zu bewerten. Ein Grund von Birtes früher, anfangs noch kindlicher Unzufriedenheit lag demnach darin, dass Mathilda sich stets überlegen gab. Sie hatte grundsätzlich bessere Noten erzielt, Studium und Berufsausbildung hatten ihr nie Schwierigkeiten bereitet, jetzt erhielt sie ein sicheres und hohes Einkommen, letztendlich unangemessen hoch, Birtes Meinung.

Das ist nicht überlegen, sondern Mittelschicht, sagte Mathilda.

Birte beklagte, Mathilda habe sich ihre Stellung erschlichen. Schon im Kindergarten alles besser gewusst. Sich später bei den Lehrern so beliebt gemacht, dass sie überschätzt wurde. Man fragte sie nicht ab, man half ihr. Namentlich eine Situation, in der Mathilda Dinge, die sie gar nicht hatte wissen können, quasi aus der Luft griff, war Birte quälend in Erinnerung geblieben. Mathilda musste sich die Aufgaben vorher beschafft haben, sie musste systematisch vorgegangen sein, es handelte sich nicht nur um dieses eine Mal, sie war grundsätzlich vorinformiert, hatte das Lehrbuch bereits durchgearbeitet, die Lösungswege verinnerlicht. Die richtigen Antworten sickerten vom Prüfer auf unklaren Wegen zu Mathilda durch, jahrelang hatte Birte das beobachten müssen, ein geheimes Einverständnis, ein Augenzwinkern, von dem sie, Birte, ausgeschlossen war, eine Intimität, die Birte missbilligte, die sie ungerecht fand. Mathilda konnte die Gedanken derer, die sie examinierten, einfach absaugen.

Birte erzählt Unsinn, sagte Mathilda. Sie ist im Moment in einer Krise. Redet wirr. Redet sich alles Mögliche ein, um die Fassung zu wahren.

Du solltest selber mehr an dich halten, sagte ihre Mutter streng. Nicht alles nach außen tragen.

Hat Birte denn erklärt, warum sie ausgerechnet jetzt damit kommt?

Du brütest etwas aus, hat sie gesagt. Sie wollte mich warnen.

Mathilda im leeren Wohnzimmer, Mathilda auf dem Triclinium, das mitten im Raum stand. Ihr Mann hatte sich an der Bezeichnung festgebissen, auch wenn es sich genaugenommen nur um eine einzelne Kline, ein sehr schlichtes Sofa ohne Rückenlehne, handelte. In Verbindung mit dem minimalistischen Schwingsessel und der Klavierbank meinte er eine gewisse Dreiteiligkeit zu erkennen, drei Möglichkeiten, sich niederzulassen, alle bretthart. Man konnte das Möbelstück von jeder Seite erreichen, es strahlte trotz seiner antiken Herkunft eine zeitgenössische Leichtigkeit aus, und sie hatte sich darauf eingelassen, weil es ihr von ihrem Gatten als Alternative zu einer klobigen Sitzgruppe angepriesen wurde, aber die erdrückende Heimeligkeit von Dreisitzer, Zweisitzer, Sessel war genau das, was sie jetzt vermisste. Die klinische Liege, das Krankenbett, sie selbst darauf als Dahinsiechende, schon im Begriff, mit der Polsterung, mit dem Jacquardbezug, dem kunstseidenen Kissen zu verschmelzen.

Sie wollte ihrem Mann gar keinen Vorwurf machen. Natürlich lag es an ihr, dass er nichts von sich hören ließ, es lag immer an einem selbst, wenn man sich so uninteressant gab, dass man mit einem Einrichtungsgegenstand verwechselt wurde. Jeder einfache Hocker kam seinen Pflichten nach, das reichte eben nicht aus für eine lebendige, gar inspirierende Beziehung.

Sie war zu beschäftigt, sie ließ es wahrscheinlich an Zuwendung fehlen. Allerdings hatte sie ihm zwei Tage lang erfolglos hinterhertelefoniert, bis er sich dann kurz und seltsam schroff gemeldet hatte. Sie würde sich nicht aufdrängen, sie wollte niemandem hinterherspionieren, niemanden einschränken, sie blieb ganz gelassen. Sie ließ sich auch keinesfalls paralysieren, von vagen Hoffnungen lähmen, von unerfüllten Sehnsüchten aller Handlungsmöglichkeiten berauben, im Gegenteil, sie hatte zu tun. Eingeschnürt in das Korsett des geregelten Tagesablaufs, der mechanischen Kommunikation, der Abzahlung von Krediten. Während ihr Mann sich generell zu Höherem berufen fühlte, auch wenn er dieses Höhere nicht genau definierte. Ein Geistesmensch gab jedenfalls keine Auskunft über Banalitäten wie temporäre Aufenthaltsorte oder die Dauer einer vorübergehenden Abwesenheit.

Leider erinnerte sie sich nicht mehr, an welchem Ort sein Kongress stattfinden sollte. Wahrscheinlich war vom konkreten Ort auch gar nicht die Rede gewesen, es ging ihm um seinen Vortrag und den geistigen Raum, den er damit durchdrang, sowie um die Geistesgrößen, die ihm zuhören würden. Sie hatte keine Lust, im Internet nachzusehen, sollte der Ort doch im Unbestimmten bleiben, ihretwegen im Orkus liegen oder im wissenschaftlichen Elysium.

Sie selbst befand sich immer in der Nähe, sie war für alle erreichbar, für die, die sich in einer gewissen Entfernung aufhielten wie Olivia, selbst für die, die sich tot stellten wie ihr Gatte, hüben oder drüben, sie war nah dran, aber es war nicht klar, woran eigentlich, es handelte sich letztlich um eine schwer zu fassende Nähe, die ebenso gut als vollständige Ferne deklariert werden konnte, sie saß allein in ihrem Wohnzimmer, schwer zu sagen, ob das ihr Platz war, ein angemessener Ort oder wenigstens ein Zuhause, sie hockte auf dem Triclinium, das Kinn auf den Knien, die Fesseln umschlungen, die Augen weit aufgerissen, sie starrte in eine unbestimmte Ferne und wartete auf das, was kam.

Story von Roswitha. Roswitha unbedarft und provinziell, Mathilda weltläufig und unabhängig. Legende von Birte. Birte eigenwillig und individualistisch, Mathilda spießig und angepasst. Sage von Olivia. Olivia eingebunden in die Historie ihrer Familie, Mathilda keiner Tradition verpflichtet, geschichtslos.

Sage von Olivia. Familiensaga. Der Erbonkel. Der Juristen-
vater. Jurist in gerader Linie seit 1625. Einfluss, Macht, Grund-
besitz. Die unehelichen Kinder, die massenhaft verbrauchten
Frauen wurden selten erwähnt, aber nicht verschwiegen. Kauf-
verträge und Dissertationen, Urkunden, Briefe und Tagebücher,
jede Begebenheit und jede Anschaffung dokumentiert seit 1625.
Die großzügige Selbstbeweihräucherung in Form von Wid-
mungs- und Feiertagsgedichten, denn die meisten Unterneh-
mungen waren von Erfolg gekrönt. Die außerordentlichen rhe-
torischen Fähigkeiten, von einer Generation zur nächsten wei-
tergegeben, bei Olivia zwar weniger als Sprachgewalt denn
als Redseligkeit in Erscheinung getreten, gleichwohl rückzu-
verfolgen bis 1625. Die sagenhafte Unsportlichkeit in dieser
Familie, die Schlaganfälle, die Herzinfarkte, die Alkoholsucht,
die Leberschäden. Olivia fiel in dieser Hinsicht nicht aus dem
Rahmen, sie hielt sich sogar verhältnismäßig gut, sie war tem-
peramentvoll, gestikulierte wild, im direkten Vergleich zu all
den anderen Phlegmatikern und Stubenhockern galt das bereits als Form von Bewegung. Stubenhocker, die es allenfalls
schafften, das Säckel zu öffnen, den Geldsegen hineinfallen
zu lassen, das Gewicht der Münzen zu tragen. Waldbesitzer,
die ihren Wald niemals betraten, die nicht reiten konnten,
nicht schießen, die nicht mit Falken oder Hunden umgingen,
friedliche Personen also, die keinem Tier ein Haar krümmten
und die die sanften Gewächse des Waldes nicht störten. Friedliche Personen, doch nicht aus Gründen der Moral. Man war
nicht fromm, man rechnete mit Aufwand und Ertrag. Es kostete zu viel, mit anderen im Clinch zu liegen, und im Übrigen
bekleidete man selbst den Posten der Autorität. Niemand wäre
je auf die Idee gekommen, etwaige Heilung von seinem physi-
schen Leiden von Gott zu erflehen. Jede Unpässlichkeit war
ein Preis für etwas anderes, man zahlte mit persönlicher Sub-
stanz, und eine Krankheit galt niemals als Grund zur Klage.

Auch wenn die moderne Medizin hier manche neue Rechnung aufgemacht hatte, blieb man der Aufklärung verpflichtet, und dass Olivia sich nun ausgerechnet mit Votivgaben befasste, konnten die Angehörigen nur als Schrulle auffassen, wie sie überhaupt ihre Tätigkeit als Archäologin bestenfalls als Hobby betrachteten. Sie hätte sich nützlich machen können, wenn sie es verstanden hätte, ihre etwas seichten Interessen mit dem Familieninteresse zu verbinden und sich mit dem zu befassen, was den Ruhm der Familie begründete: die Sprungsage nebst der Drachenhöhle.

Einer der ambitionierten Vorfahren hatte eine Schrift verfasst, in der er schilderte, wie sein Großvater einem Verfolger entkam, indem er von einem hohen Felsen sprang, im Sprung eine Schlucht überwand und auf der anderen Seite, einem ebenfalls spitz aufragenden Felsen, unversehrt landete. Hierbei handelte es sich um ein Motiv, das gewöhnlich der Selbstvergewisserung des Adels diente, indem man sich Wunderkräfte zuschrieb. Da bei dem schriftstellernden Juristen kein alter Adelsstand, sondern nur Briefadel vorlag, begründete der Sprung kein unbesiegbares Rittergeschlecht, sondern vielmehr eine familiäre Anmaßung, welche jedoch eine Vorstellung von Gerechtigkeit bekräftigte, die der Familie künftig zugutekommen sollte. Trotz äußerster Unsportlichkeit und vor allem ohne Pferd gelang eine unwahrscheinliche körperliche Übung, weil der Verfolgte im Recht und vollkommen unschuldig war. Bei seinem Verfolger hatte es sich um einen Drachen gehandelt, der unversehens aufgetaucht und mit der Jagd begonnen hatte, obwohl ihm nichts zuleide getan worden war. Der Drache stürzte mit der Konsequenz einer Figur, die von vornherein der Verlierer ist, in die Schlucht und richtete sich dort in einer Höhle ein, einem Felsloch, mit dem im Verlauf der Jahrhunderte den Kindern gedroht wurde. Wer nicht spurte, kam in die Drachenhöhle, und Olivia wäre solch ein Fall gewesen, hätte sich auch nur irgendjemand darum bekümmert, wo diese Höhle genau lag und ob es sie tatsächlich gab.

Olivias Aufgabe hätte eben darin bestanden: Die Höhle zu lokalisieren, den Drachenmythos mit Fundstücken zu bestätigen. Irgendein Gegenstand, der sich als ledrige Schuppe oder als vom Drachenatem verbranntes Holz interpretieren ließ, würde sich auftreiben lassen, Grundlage für eine wissenschaftliche Arbeit oder wenigstens eine Touristenbroschüre, aber Olivia besaß zu wenig Phantasie, um die Geschichte vom Sprung der Gerechtigkeit mit Fakten zu untermauern.

Der Drache, dachte Mathilda auf dem Triclinium, ewiger Unhold in der Schlucht, die nun niemand mehr überspringen konnte, denn von unten her, aus dem Schlund, erhöbe sich das feurige Gebrüll wie eine Fackel, eine Stichflamme. Größere Sprünge blieben fürderhin aus, aber sie waren auch nicht mehr erforderlich, da sich die Familie längst auf der richtigen Seite befand. Auf der einzig möglichen Seite, denn eine andere gab es nicht.

Sie selbst hockte auf der Liege, die keiner Seite zuzuschlagen war, weder war es eine vernünftige Couch zur Reise ins Unbewusste noch ein bürgerliches Sofa der Repräsentation von Bewusstheit, denn mangels Rückenlehne konnte man keinen Gast darauf Platz nehmen lassen. Es war ein Spleen von ihm, aktuell nur noch ein Rückstand von ihm, ein alter Gedanke, der Gestalt angenommen hatte und nun an ihn erinnerte, vor allem aber an die Hartnäckigkeit der Materie gemahnte, an die vielen sinnlosen Gegenstände, die dazu neigten, die Personen, die sie benutzten, zu überdauern. Wenn jemand einfach aus dem Gesichtskreis verschwand, ohne Erklärung und ohne Verabschiedung, nannten ihre Schüler das »Ghosting«. So weit waren sie allerdings noch nicht. Immerhin hatte er zweimal angerufen, wenn auch mit unverständlicher Akustik, mit einer

Stimme, die gut und gern aus einem ominösen Jenseits stammen konnte.

Von ihrer Position auf der Liege sah sie die Spiegelungen der Möbel über den glänzenden Boden schwimmen, ein schemenhaftes Klavier, kaum mehr als ein dunkler Fleck, die Glasvitrine, funkelndes Gegenlicht. Sie sah sich selbst, wenn sie sich vorbeugte, als konturlose Silhouette, die über ein entlegenes Gewässer fuhr, ein trostloser See am Ende der Welt, ein verbreiterter Flussarm, über dem die Wolken tosten, über den sich mit schrillem Schrei die Vögel hinwegstürzten. Sie trieb in dieser Landschaft, zwischen Gegenständen, die sich noch nicht vollständig im Raum manifestiert hatten, inmitten von Bildern, deren Rückseite sich schon wieder auflöste in Schatten und Formlosigkeit.

Jeder andere an ihrer Stelle hätte sich ans Klavier gesetzt und seine emotionalen Anwandlungen, die Mathilda gar nicht näher bezeichnen wollte, insbesondere nicht mit so überdeutlichen, klischeehaft verfestigten Begriffen wie Liebesschmerz oder gar Herzeleid, denn so weit waren sie noch nicht, jeder andere jedenfalls hätte das Klavier genutzt, um seine emotionalen Anwandlungen in triefenden Melodien zu ertränken. Sich in sie hineinzusteigern, sie zu vertiefen, alles nur schlimmer zu machen, aus einem Nichts überhaupt erst einmal etwas und dann sukzessive eine Katastrophe zu machen, aber darauf ließ sie sich erst gar nicht ein. Als Musiklehrer konnte man nur leben, wenn einem Musik nichts bedeutete. So war sie von Anfang an an ihren Beruf herangegangen, sie zeigte die mathematischen Strukturen auf, keine Gefühlsduselei.

Als Kind hatte sie die langweiligen Czerny-Etüden auf dem Keyboard geübt, sie hatte Kopfhörer getragen, um die Mieter der Nachbarwohnungen nicht zu stören. Dass Musik als Störfaktor galt, hatte sie schnell eingesehen, namentlich traf das auf die Czerny-Etüden zu, aber auch eine Beethoven-Sonate war geeignet, die Nachbarn zur Weißglut zu bringen. So bemühte sie sich früh um eine Musik ohne Affekte, mit angehaltenem Atem gespielt, was selbstredend ein Kardinalfehler des Musizierens war, ihr aber die Illusion vermittelte, sie beeinflusse eigenhändig die Tonlosigkeit ihrer Stücke, es hänge keineswegs von der Technik ab, dass nichts nach außen drang, sondern davon, ob sie imstande war, einen ausreichend großen Innenraum zu bilden, in dem nur sie selbst etwas hören konnte von dem, was sie erklingen ließ, als befände sich die Musik in ihrem Innern wie ein Gedanke.

Sie praktizierte ihre Übungen ohne Ton, sie nahm den drückenden Kopfhörer bald als Teil ihres eigenen Körpers wahr, und sie hatte auch gelernt, lautlos zu singen.

Während des Studiums hatte sie oft auf einer stummen Klaviatur geübt. Sie hatte sich eine Tastatur auf einen Papierstreifen gezeichnet und entfaltete diesen, wo es sich ergab, auf langen Zugfahrten auf dem Schoß oder in den Vorlesungen unter dem Tisch. Mittlerweile brauchte sie auch den Streifen nicht mehr, in den zähen Konferenzen spielte sie im Kopf. Aber zu Hause legte ihr Mann Wert auf Normalität, und dazu gehörte, dass ein Instrument auch tatsächlich Musik erzeugte. Es störte ihn nie, wenn sie die immergleichen Passagen für den Unterricht repetierte, es störte ihn nicht einmal, wenn sie Fingerübungen machte. Nur auf das Radioprogramm reagierte er empfindlich, er mochte es nicht, wenn unvermittelt ein ganzes Orchester den Raum füllte, und er ertrug es nicht, dass ein Sprecher das Unaussprechliche kommentierte.

Sie ging in die Küche, um die zerbrochene Tasse zu kleben. Das war eine neutrale Tätigkeit, sie hing nicht an dieser Tasse, aber es machte ihr Spaß, die Teile zusammenzusetzen, ein Puzzle, bei dem alles passte. Haushaltsgegenstände nahm sie hin als notwendiges Übel, sie waren permanent zu spülen und zu pflegen, sie nahmen Platz weg. Die sauberen Sachen räumte sie gern in den Schrank, ansonsten hatte sie wenig übrig für Tischkultur. Das Service, das sie täglich benutzten, hatte ihr Mann ausgewählt.

Jetzt saß sie vor dem Rumpf der Tasse, ihr Fuß war intakt geblieben, der Henkel in zwei Stücke gebrochen, alle einzelnen Splitter hatte sie gefunden, die Reparatur war kein Hexenwerk. Sie atmete gleichmäßig, strich den Kleber auf, stellte die alte Ordnung wieder her. Als das Muster sich schloss, stach ihr der Goldrand ins Auge, der goldene Reif, das gleichmäßige Rund, sofort überlagert von der Schülerzeichnung der etruskischen Vase, die sich langsam um sich selbst drehte, und dann überlagert von Birtes Scherbenberg aus himmelblau glasiertem Geschirr.

Mathilda ließ sich ein Bad ein, sie steckte ihr Haar hoch, schüttete orange gefärbtes Himalayasalz in die Wanne, sie kippte die komplette Packung hinein, ein Kilo Salz, und sie würde sich zwingen, sich zu entspannen. Im Schlafzimmer warf sie ihre Kleider über das Bett, holte sich eine Zeitschrift mit glänzenden Bildern, die sie aus dem Umschlag sofort in die Altpapierkiste hatte fallen lassen, die ihr aber jetzt zustattenkam, Auszeit, sinnloses Blättern, Werbung für unnötigen Schund. Als sie zurückkam, sah sie Birte ausgestreckt im Wasser liegen, Birte lag ganz locker da, grazil und vollkommen ungerührt, sie hob nicht den Kopf, sie zuckte nicht einmal, als Mathilda im Raum stand. Mathilda atmete ein, sie legte sich einen Satz zurecht, den sie Birte entgegenschreien wollte, sie konnte sich das nicht länger bieten lassen, das Maß ist voll, würde sie rufen, nein, brüllen. Dann erst erkannte sie das fleischfarbene

Salz, das unter Wasser einen Körper formte, lange Beine auf dem Wannengrund, Hüften, Hügel. Birtes Kopf im Strudel des einlaufenden Wassers, sie stellte die Mischbatterie ab, rührte durch das Salz, ließ es tropfend durch die Finger gleiten, wartete über den Rand gebeugt, bis es vollständig aufgelöst war.

Birte auf dem Badewannenrand, die ihr einflüsterte, dass ihr Mann mit Absicht fortgegangen war, dass er sich mit ihr, Birte, getroffen hatte, dass er sich weiterhin mit ihr traf und dass sie die Einzige war, die wusste, wo er sich aufhielt. Mathilda spritzte ungehalten Wasser in Birtes Richtung, sie ließ sich viel einreden, aber es gab einen Punkt, an dem sie unerschütterlich blieb. Birte kannte sie schlecht, wenn sie meinte, Mathilda mit derartig trivialem Geschwätz provozieren zu können. Egal wie die Dinge nach außen hin wirken mochten, sie verließ sich auf ihren Mann, sie glaubte an seine Verlässlichkeit so uneingeschränkt, dass es sie selber verblüffte. Vertrauen ist gut, Kontrolle ist besser – es war ja nicht so, dass sie diese Sprüche nicht kannte. Leugnete sie die Realität? Aber was war schon die Realität, sie wollte wirklich in einer haltlosen Welt auf ihn bauen.

Als sie in der Wanne lag, vermeinte sie Birtes Atem neben sich zu hören, leicht und gleichmäßig wie an jenem Abend, an dem Birte bei ihr übernachtete. Roswitha hatte für Birte die Luftmatratze aufgeblasen, sie hatte mit dicken Backen neben Mathildas Bettgestell gekniet und den Mund nicht von der Öffnung lösen können, weil die Luft sonst sofort wieder entwich. Erst als die Matratze prall war, griff Roswitha nach dem Stöpsel, versuchte das Loch mit drei Fingern zusammenzudrücken, konnte aber nicht verhindern, dass etwas mit starkem Druck herauszischte und ihr um die Ohren wehte. Auf die wabbelige

Matratze kam ein Laken, kam eine Wolldecke. Das Gästesofa aus dem Wohnzimmer hätte nicht in Mathildas Zimmer gepasst, und wenn Birte sich ins Wohnzimmer legte, war die Gemeinsamkeit hin. Birte sollte Spaß haben, sollte sich ablenken, sollte vergessen, dass ihre Mutter im Krankenhaus lag.

Roswitha tischte abends Würstchen mit Kartoffelsalat auf wie zu einem Kindergeburtstag, erlaubte ihnen, den Fernsehkrimi zu sehen, Mathilda flüsterte und kicherte mit Birte vor dem Einschlafen, wie es sich gehörte, aber Birte war müde und wollte nicht mehr lange reden. Mathilda fand keinen Schlaf, sie drehte sich möglichst leise von einer Seite auf die andere, streckte sich stocksteif auf dem Rücken aus, Birtes Atemzüge im Raum und diese unendliche Leere, von der sie wusste, dass nichts und niemand imstande war, sie zu füllen.

Am nächsten Morgen zog Roswitha sie zur Seite. Sie hatte von Birtes Mutter geträumt, kein gutes Zeichen. Mathilda wollte darauf nichts geben, sie fand das Beharren auf unguten Ahnungen albern, ging den Schulweg mit Birte, als sei alles wie immer. Erst am Nachmittag, allein zu Hause, erhielt Birte die Nachricht aus dem Krankenhaus.

Seit dieser Nacht stand Mathilda in Birtes Schuld. Nie wieder zu tilgen, nicht wiedergutzumachen. Mathilda stand von nun an mit dem Tod von Birtes Mutter in Verbindung, sie war auf unklare Weise dafür verantwortlich. Sie stellte den Zusammenhang her, sie band Birte an einen unerklärlichen Vorgang. Selbst wenn sie ihn nicht willentlich herbeigeführt haben konnte, sie hatte auch nicht das Geringste unternommen, um ihn zu verhindern, und weil es so vieles gab, was sie hätte tun können, aber nicht getan hatte an jenem Abend, war Mathildas Verfehlung ohne Maß.

Jetzt lag sie ausgestreckt wie damals, sie vermisste die Atemzüge neben sich, aber durch dieses Vermissen hallte ihr der Atem stärker in den Ohren, ein abwesendes Atmen, ein Hauch,

lauter als jemals zuvor, der immer noch anschwoll, ein Wehen
wurde, ein Brausen, ein Sturm.

Dem Laubrhythmus folgen, die Flüchtigkeit
von Blättern beweisen, sobald
die Unruhe zunimmt.
Wolkenbrut. Starkwindfelder.
Den Lüften vertrauen,
sobald die Unruhe zunimmt.
Sie trug nie Schuhe, die die Zehen offen zeigten.
Sie trug eine grobgehäkelte Sturmhaube,
die nur das Gesicht freiließ, die Kopf und Hals umschloss,
die Balaklava von ihrer Mutter.
Sie wartete, dass es losging, los, einfach los,
an einem abstrakten Nachmittag
an dem nichts geschah, an dem alles entglitt,
nur die Unruhe zunahm.
Wertvoll sind jene Dinge, die uns entgleiten,
die uns aus den Händen rinnen, die spätestens
in diesem Moment keine Dinge mehr sind.
Was ihr entglitt, waren die Reste einer Beziehung,
dunkel, verworren, verknäulte Gefühle, Vertrautes
von früher, schon undeutlich und
von Straßengeräuschen umgeben,
vom lautlosen Lärm des Nebels.
Die Kunst entwickeln, an Orte aus Wind zu gelangen.
Zu wandern in Landschaften aus Kondenswasser.
Der Atmosphäre vertrauen, der eiligen
Stimmung am Himmel. Gewölbe, Gewölk.
Sie zog sich die Sturmhaube über,
als sei alles Fernweh nichts anderes
als die verkappte, die himmelstürmende Sehnsucht nach ihm.

Schattenfittich

Sie trug ihr Operncape aus dunklem Tuch und ihr reihergraues Seidenkleid. Den rechten Daumennagel hatte sie silbern lackiert, nur den einen Finger so zugerichtet, auffällig wie eine Putzkralle. Vor dem Garderobenspiegel steckte sie, schon in voller Montur, noch eine letzte Haarsträhne fest. Die schwarzen Haare ihrer Mutter legten sich darüber, man sah ihnen das Gefärbte kaum an. Im Gegenteil, der Farbton war von einer nicht einzuholenden blauschwarzen Pracht, ein Schimmer, an den Mathilda bisher nicht herankam.

Mathilda nahm die Handtasche, schaltete das Licht aus, es wurde mit jedem Tag früher dunkel. Tastend vergewisserte sie sich, dass der Umschlag mit den Karten in der Tasche steckte. Sie war sich nicht schlüssig gewesen, ob sie sie bereits im Unterricht verteilen sollte, aber dann war es ihr sicherer erschienen, sie erst kurz vor Einlass aus der Hand zu geben. Auf dem Weg vom Treffpunkt zum Sitzplatz gab es immer noch genug Möglichkeiten, eine Eintrittskarte zu verlieren, die Jugendlichen gingen zur Toilette, verliefen sich in den Gängen, sie waren aufgeregt bei solchen Gelegenheiten, auch wenn sie unendlich lässig taten.

Das Wageninnere füllte sich sofort mit dem Duft von schwerem Parfüm. Das war für einen Klassenausflug selbstredend übertrieben, aber es ging um die Vorbildfunktion. Auch im Musik- und Tanztheater wurde der Dresscode mit den Jahren immer legerer, sie hätte unbekümmert Jeans und Turnschuhe tragen können, aber da es nahezu unmöglich war, jungen Menschen, die kein Instrument spielten, die Feinheiten klassischer

Musik nahezubringen, blieb nur das Atmosphärische, der feierlich überhöhte Lifestyle, die pompöse Eleganz. Sie hielt daran konsequent fest, mit der ihr eigenen Selbstironie, die auf die Kolleginnen allerdings preziös und dünkelhaft wirkte. Einzig ihr Mann verstand, dass sie sich Mühe gab, einer Rolle gerecht zu werden, die ihr nicht in die Wiege gelegt worden war. Auch er selbst hinkte dem Zeitgeist immer leicht hinterher. Die kulturellen Jahrhunderte, die sie ganz persönlich nachholen mussten, weil es in der Familie keine Vorarbeit gab, ließen für die Gegenwart nicht genug Raum. Aktuelle Trends erforderten, dass man sich entweder auf eine unendliche Ahnenreihe stützte oder sich lossagte von allem.

Die samtroten Sitze klappten herab, das Orchester stimmte die Instrumente, die Schüler kicherten, aber keiner wagte es, in die schrägen und quietschenden Töne einzustimmen. Sie hätte mit ihnen, dachte Mathilda, in ein Stück der Neuen Musik gehen sollen, sie hätte ihnen die vorausweisende Modernität schmackhaft gemacht und dann zurückgelehnt gewartet, ab welcher Minute sich die Ersten Taschentücher in die Ohren stopften, ungeachtet dessen, dass sie sonst jedes Wochenende unter hämmernden Rhythmen verbrachten, die wesentlich lauter waren. Ihre Tanzmusik war berechenbar, sie war beruhigend wie der gleichmäßige Herzschlag der Mutterbrust, darum konnten die durchtanzten Wochenenden tatsächlich trösten. Was hingegen beängstigte, war die plötzliche Stille, die Atempause, dann ein intensives Schaben und Scheppern und Stöhnen, das Kratzen von Fingernägeln auf Holz. Was beängstigte, war die Abweichung, sie erforderte angespannte Konzentration, und ein Teil der Leistung des Publikums bestand darin, den Fluchtreflex zu unterdrücken. Erst dann konnte ein solches Stück seine erhabene Wirkung entfalten, die tödliche Bedrohung, der sichere Standort, der Aufschwung des Geistes anhand der Gewissheit, diese bedeutenden Mächte zu überstehen, ja durch Zeugenschaft und Identifikation an ihnen teilzuhaben.

Jetzt aber wurde es dunkel, der Saal verdunkelte sich freundlich und warmherzig wie in Ankündigung einer Gutenachtgeschichte mit lustigen Tieren, die sich ohne weiteres in der menschlichen Sprache unterhielten und sich auch sonst von Menschen kaum unterschieden.

Der Referendar saß neben ihr und wickelte ein Erdbeerkaugummi aus. Er legte ein zweites auf seine flache Hand und bot es ihr an, so behutsam, wie man einem fremden Pferd ein Zuckerstück reicht. Sie nahm das Kaugummi, besser, im Dunkeln mit mahlendem Kiefer Spannung abzubauen, als selbst davon zerfressen zu werden, die Spannung, die sie von den nervösen Schülern, dem exaltierten Referendar, der lampenfiebrigen Kompanie auf sich nahm. Der Erdbeergeruch überdeckte ihr Parfüm, er überdeckte auch die Parfümierung des Referendars und stufte sie beide zu kindlichen Wesen in einer unbestimmten Latenz zurück, das kam ihr im Grunde zupass, er war ihr zu anstrengend, zu hibbelig, zu sehr von sich überzeugt.

Auf der Bühne begann die Festgesellschaft ihren Tanz, warf die Beine, trank Alkohol aus übergroßen Gefäßen, das dauerte lange, lang genug, damit sich das Publikum akklimatisieren, die Schüler Verbindungen zu ihren eigenen Partys ziehen konnten. Klassisches Ballett blieb immer noch die größte Zumutung. Ballett war die Tanzform, die die Füße am ungebührlichsten betonte. Alles lief auf die Füße zu, jede Bewegung fand ihren Höhepunkt nicht in einer gebogenen Hand oder einem erhobenen Bein, sondern in der Spitze des Fußes, der entweder überstreckt punktierte wie ein Zahnstocher oder im balletttypischen Watschelgang Schwimmhäute suggerierte. Die wattierten Ballettschuhe verlängerten den Fuß um ein gutes Drittel. Als der Weiße Akt begann, in dem nicht mehr die Hofgesellschaft, sondern der nächtliche Teich mit den Wasservögeln ins Bild kam, wurde ihr klar, dass daher ihr Unbehagen rührte. Ambivalenz der Füße, ein unentschiedenes Weder-noch, das die Erdenschwere eher betonte als unterlief.

Beim Auftritt der verwunschenen Prinzessin war das Publikum bereits von dem zermürbenden Flossenwedeln der Tänzerinnen, die die Edeldamen gaben, so vorbereitet, dass es die überlegene Eleganz des Schwanenwesens mühelos anerkannte. »Schwanensee« war so berühmt, weil die Figurenkonstellation mit den balletteigenen Bewegungsabläufen ideal harmonierte. Der behäbige Gang der Schwäne an Land, der alptraumartig verzögerte Versuch, sich in die Luft zu erheben – der klassische Tanz mit seinen vergeblichen Sprüngen und zwangsläufigen Landungen manifestierte ja nichts anderes als den Kampf mit der Schwerkraft (die kurzen Höhenflüge, den Absturz, das Scheitern), und sie konnte es den Schülern nicht verdenken, wenn es ihnen nicht gelang, das Schwanenmotiv, das sie im Unterricht erarbeitet hatten, über die gesamte Inszenierung hin zu verfolgen.

Der Referendar gab vor, aufmerksam das Geschehen zu beobachten und die bekannte Musik zu genießen, aber sie konnte aus den Augenwinkeln sehen, dass er seinerseits die Reaktion der Klasse prüfte (die vorbildlich ausfiel, da alle gesittet und ruhig dasaßen, voller Körperbeherrschung und nicht halb so unruhig wie er selbst), dann dazu überging, die jungen Mädchen in ihren schwanenhaften Rüschenoberteilen anzustarren, die sonst in lappigen T-Shirts vor ihm lümmelten, jetzt aber die Hälse reckten, sie sah, wie er sich in die freiliegenden Nacken in der Reihe vor ihm vertiefte, die glitzernden Strassspangen goutierte, sich kennerhaft wähnte.

Sie selbst kaute ihr Erdbeerkaugummi und achtete darauf, die Latenzphase auszuschöpfen, indem sie gelegentlich in seine Richtung ausatmete, ohne ihm sonst weiter Aufmerksamkeit zuzuwenden, ganz Erdbeermund.

Auf der Bühne hüpften die vier kleinen Schwäne, zu ihrem Bedauern waren diese Schwäne tatsächlich mit kleinen Kindern besetzt, mit niedlich unbeholfenen Anfängerinnen, die die komplizierten Schritte nicht beherrschten, in diesem zarten Alter auch noch gar nicht beherrschen konnten, weil die entsprechende Muskulatur noch gar nicht ausgebildet war. Eine dieser anti-elitären, anbiedernden Entscheidungen, bei denen es darum ging, die Distanz zum Publikum so gering wie möglich zu halten, leider auf Kosten der Kunst, als sei ausgerechnet Ballett ein Kinderspiel, das man auf dem Schulhof lernte wie Hüpfkästchen, Himmel und Hölle.

Die Inszenierung war schwach, die Kostüme einfallslose Gardinen, der Prinz leider plump und nicht enthusiastisch.

Sie selbst wäre auch von Minute zu Minute deprimierter geworden, hätte nicht immerhin der böse Zauberer Rothbart etwas Auratisches ausgestrahlt, das allen anderen auf der Bühne einschließlich der Primaballerina fehlte.

Es lag an den einfachen Ballettschläppchen, die die Füße nicht optisch verformten, es lag an den Flügelarmen, die den Rumpf schlank ließen, eher ein Rabe als ein schwarzer Schwan. Der geschmeidige Vogeldämon dominierte das Geschehen, seine Sprünge waren hoch, die Schritte ausgreifend, er schien als Einziger wirklich fliegen zu können, ein Meister der Illusion, dem man alles zutraute, nicht nur, dem weißen Schwan mit dem schwarzen Schwan das Wahngebilde einer verführerischen Tochter entgegenzusetzen.

Während die Schwäne zierlich auf der Spitze dahintrippelten, bewegte er sich raumfüllend, er öffnete seine dunklen Schwingen, er schloss sie vor der Brust mit priesterlicher Endgültigkeit, schloss die Schwanenprinzessin darin ein, sie verschwand unter seinem Schutzmantel, und auf einmal deutete nichts mehr auf ein Happy End hin, wie es die Inszenierung bisher nahegelegt hatte, weil sie sich uninspiriert von Szene

130

zu Szene schleppte, auf einmal kam die Spannung des Regelbruchs auf, die Prinzessin vertraute sich dem Dämon an, dem dunklen Geist, der auf einmal uralt wirkte, nicht so alt, dass er ihr Vater hätte sein können (die Vaterrolle war der bürgerlichen Gesellschaft zur Zeit der Romantik geschuldet), er war ein Prinzip, eine Kraft, Jahrtausende alt, und Mathilda sah mit Erleichterung, dass die dürftige Aufführung zum Schluss eine unerwartete Wendung nahm.

Die Haupthandlung war einfach erzählt. Die Prinzessin Odette ist vom bösen Zauberer Rothbart in einen Schwan verwandelt worden. Nur für wenige Stunden in der Nacht erhält sie ihre menschliche Gestalt zurück, und nur wahre Liebe kann sie erlösen. Der Prinz begegnet ihr auf der Jagd, nachdem er den Hofball zu seiner eigenen Brautschau angewidert verlassen hat, und schwört ihr ewige Treue. So weit ging die Geschichte mit allen Schwanenmärchen der Welt überein, auch darin, dass der Mann auf die Probe gestellt wird. Der Zauberer schickt seine Tochter Odile, die Odette aufs Haar gleicht, der Prinz erneuert seine Liebesschwüre vor dem schwarzen Schwan, und Odette ist verloren.

Das Ende von »Schwanensee« ließ sich in diversen Varianten gestalten. Mal starb die Prinzessin, mal der Prinz, mal der dunkle Dämon, Tschaikowski hatte sich da nicht festgelegt. Jetzt verdunkelte sich die Bühne vollständig, am Horizont über dem See ging eine Art Polarlicht auf, ein spektralgrüner Schimmer, und in diesen Schimmer hinein flogen die weiße und die schwarze Gestalt, das war die Nurejew-Version des Wiener Staatsballetts von 1964, bei der am Ende der Prinz unterliegt.

Der Referendar war eingenickt. Mathilda fragte sich, wie er die Aufführung mit der Klasse rekapitulieren wollte. Sie würde ihm den Schluss nicht erzählen.

In der Vorbereitung hatte sie auf die Existenz der Variationen hingewiesen und die damit verbundene Uneindeutigkeit thematisiert, die das Ballett dadurch zwangsläufig von Anfang an durchzog. In einer Märchenerzählung wie dieser gab es zwar ein farblich grundiertes Gut-böse-Schema, aber wenn man genau hinsah, stellte sich heraus, dass man seinen eigenen Vorurteilen auf den Leim ging. Sie hatte der Klasse zu vermitteln versucht, dass die Verwandlung in Schwäne ein Punkt war, der sich moralischer Beurteilung entzog und auf den sich stereotype Farbinterpretationen nicht anwenden ließen. Sie hatte ihnen auseinandergesetzt, dass weiße und schwarze Vögel in Verwandlungsgeschichten austauschbar waren, wie im Märchen von den sieben Raben und dem der sechs Schwäne, die beide dem gleichen Strukturprinzip folgten und sich nur in der Art der Vögel voneinander unterschieden.

Aber die Schüler hatten sie angewidert angeblickt, sie waren stur entschlossen, am vorgefassten Bewertungsschema festzuhalten. Sie warfen ihr Spitzfindigkeit vor, Klassikerzerstörung, natürlich nicht explizit, aber in der Art, wie sie plötzlich begannen, ihre Bleistifte zu spitzen, Brotpapiere zum Mülleimer zu tragen, sie begriff, dass sie zu weit ging, dass sie sie fundamental verunsicherte. Wenn schon Ballett, wollten sie sich an etwas halten können.

Der Referendar erwachte vom Applaus, die Mädchen in den Rüschenblusen erhoben sich enttäuscht, noch bevor der Vorhang ganz geschlossen war, drängten nach draußen, versperrten ihr die Sicht auf den großen Schwung dieses dahingleitenden Stoffes, den sie plötzlich in seiner ernsten Würde mit dem Tänzer des Dämons gleichsetzte.

Es war nicht derjenige, in den sie sich sofort verliebt hätte, es war derjenige, mit dem sie sich am meisten identifizierte.

Schattengewandig schritt sie über die Kreuzung, das Operncape wehte um ihre Schultern, verfloss in ihrem Rücken, jemand hupte sie an, sie war kaum zu sehen. Spürte die Autobahnbrücke durch ihren Körper schneiden, die Unterführung einen Hohlraum bilden, der Verkehr in seinen gleichmäßigen Strömen, seinem Stocken und Rinnen zog lange Lichterketten über die Oberfläche der Stadt, blinkend wie Mondschein auf einem riesigen Wasser.

Das Wasser, vom Dämon geschickt, war dem Prinzen zum Verhängnis geworden, er war untergegangen in den Fluten, auf denen die Schwäne zum Schluss wieder lieblich paddelten. Er hieß Siegfried wie der Drachentöter aus dem Nibelungenlied, welcher es in Gestalt der Walküre Brunhilde ebenfalls mit einer Schwanenjungfrau zu tun bekam.

Mit derartigen Zusammenhängen konfrontierte sie die Schüler nicht, das gesamte Halbjahr hätten sie sonst den magisch-musikalischen Zwischenwesen widmen müssen. Rusalka, Undine, die Rheintöchter, sämtliche Elfentänze, die Vögel aus der Zauberflöte und die Königin der Nacht – jeweils nur leicht verschobene Motive, entwickelt aus der Vermählung von Geistigem und Animalischem, dem Pas de deux mit der Ungreifbarkeit.

Im Parkhaus warf sie Münzen in den Kassenautomaten, das Gerät schluckte sie ohne Reaktion, sie verdoppelte den Obolus, nichts geschah. Sie stand im künstlich weißen Licht der Röhrenbeleuchtung, ein Luftstrom, der nach Abgasen und altem Beton roch, hob ihr Cape an, darunter – nichts. Sie war ein Vorhang, ein Theatervorhang, ein paar illusionäre Stoffbahnen in den Wind gehängt, und dahinter, davor, darunter nur ein dunkler Raum, offen für unsichtbare Wogen, die unsichtbare Düfte mitführten, subtile Temperaturunterschiede, unmerkliche Feuchtigkeit.

Sie führte einen Schein in den Schlitz des Automaten, horchte auf das Rattern im Innern, der Schein blieb verschwunden. Sie führte ihre Bankkarte ein, die Gebühr wurde abgebucht, ihr Ticket erschien, doch das Bargeld erhielt sie nicht zurück.

Im Operncape auf dem Triclinium. Sie zog den Stoff dicht um die Schultern, hielt die Arme verschränkt, die Knie angewinkelt, sie nahm Eiform an. Ein schwarzes Ei, bebrütet von der übermäßigen Stille des Zimmers, vom Rascheln im Garten, der drückenden Dunkelheit. Sie starrte vom dunklen Innen in ein dunkles Außen. Sie war sich nicht sicher, ob sie nicht schon schlief und das alles nur träumte. Dieses herbe Vermissen, die nagende Ungläubigkeit, die noch lange kein Zorn war, denn es gab kein Objekt. Ihr Mann hatte sich nicht mehr gemeldet. Ihr Mann meldete sich nicht. Er war verschwunden, sie fand das unfassbar, aber noch regte sie sich nicht auf, sie blieb ruhig, ganz gelassen. Was war ihr entgangen. Gab es Ursachen, Anlässe, Gründe. Hatte sie Gründe geliefert. Ohne es zu ahnen. Ihn durch ihr Verhalten irritiert, ihn abgestoßen durch Kräfte, die ihr nicht bewusst waren. Unbewusste Kräfte, wohlfeile Erklärung für alles und nichts, so haltlos wie die Farbe ihres Kleides, die sich in bleierne Schwärze verwandelt hatte. Wann war das umgeschlagen, was hatte sie dazu beigetragen. Etwas hatte sich in den vergangenen Tagen verändert, aber war es die Ursache, war es die Folge, bestand überhaupt ein Zusammenhang?

Ja, sie strahlte etwas aus, was anderen unangenehm war. Man begann sie zu meiden, ein Fluch lag auf ihr, eine Schuld, mit der niemand in Berührung kommen wollte, eine Gewalt, die ihr Umfeld irritierte.

Sie betrachtete den dunklen Raum, Innen und Außen ununterscheidbar, der Garten hob sich kaum ab, nur vage pflanzliche Massen schoben sich vor andere undefinierbare Silhouetten, dunkle Gebäude, Wände der Allgemeinheit, die Enge der Stadt.

Dann sprang das Terrassenlicht an. Ein Tier musste den Sensor ausgelöst haben, ein vorübergewehtes Blatt, der Wind, der Wind.

Sie hockte auf dem Triclinium, im goldenen Saal, ein Leuchten zog sich ums Haus, ein Feuerring, Flammenwall, weiß auflodernd, undurchdringlich, sie war komplett eingeschlossen vom wabernden Licht, was blieb ihr noch übrig, als tiefer zu schlafen.

Wir sehen sie nicht in dieser Welt Fuß fassen.
Sie sitzt auf dem Sofa, berührt nicht den Boden, der Boden
verschwimmt ihr, als könnten nur Wasservögel
sicher dort landen. Sie kann hier nicht Fuß
fassen, kann mit den üblichen Vorderseiten
nichts anfangen, auch wenn sie bestrebt ist,
das unanstößig Adrette zu pflegen, ausschließlich
Vorderseite zu sein. Sie bekommt keinen Fuß
auf den Boden, die Welt ist ihr Abgrund, nicht Halt,
aber was lässt sich tun, außer trotzdem gut auszusehen
und niemals zu zeigen, dass sie zu viel weiß.
Offenbar kennt ja nur sie jene Schattenseite des Berges,
die Rückseite, die in die dunkleren Räume hineinragt.
Was ist das für eine Erfahrung, ausdrücklich nach
innen gerichtet, ganz unanschaulich, nicht mitteilbar?
Es geht nicht darum, das Unsichtbare zu sehen,
wozu auch, es geht hier darum,
das Unsichtbare ganz auszufüllen, ganz auszufüllen
mit jenem, was jeder bislang für Willenskraft hielt,
für Zielstrebigkeit, für Charakterstärke, für sich.
Wir wären der Wille, den Lauf der Welt hinzunehmen,
die Dinge nicht zu verändern und sich dazu nicht zu verhalten,
nicht Fuß zu fassen und nie einen Standpunkt zu haben,
stattdessen sich zu verwandeln in Unberührbares, Sanftes,

in schläfrige Wassermassen, in Herbstlaub, in Wind.
Auch wir wollen uns mit der Schattenseite des Berges
verbinden, so lassen sich Berge und ganze Gebirge versetzen,
indem alles Nebensächliche, alles Bewegliche, alles,
was Hintergrund war, plötzlich Vordergrund wird.

Monsterkurve

Am nächsten Morgen trat sie vor die Klasse und forderte alle auf, die Schuhe auszuziehen, möglichst auch die Socken. Wer Strumpfhosen trug, sollte diese anbehalten. Sie selbst zog sich die Schnürsenkel auf, stellte sich in Perlon-Feinstrumpfhosen auf die Kunststofffliesen, noch ohne Krümel, Getränketropfen, Radiergummiabrieb. Es war die erste Stunde, der Boden frisch geputzt, gleichwohl etwas kühl.

Reformpädagogik. Sich erden, den Grund spüren, sich in die Tiefen der Erdzeitalter versenken, aus dieser Tiefe die Stimme erheben.

Sie sah ihre rotlackierten Fußnägel durch die Feinstrümpfe scheinen, sie sah die Kinder irritiert von einem Fuß auf den anderen hüpfen, mit ihren Socken wedeln, sie fing sofort an.

Sie ließ sie bewusst atmen, sich bei den hohen Tönen den Himmel vorstellen, in den sich ein Adler schraubte, ja, selbstverständlich ein Adler, was sonst, ein Geschöpf, das die Thermik nutzte, mit der Bewegung der Luft wie von selbst nach oben stieg.

Für die tiefen Töne bemühte sie das Bild eines Uhus, der, am Tage zurückgezogen in seiner Höhle, bei Nacht seine langgezogenen Rufe durch den Wald schickte. Strigidae, Eigentliche Eulen. Sie sollten sich vorstellen, mit ausgebreiteten Schwingen durch die Dunkelheit zu fliegen und schauerliche Schreie auszustoßen, die Beute zu beobachten und sich in den Sinkflug zu begeben, immer näher dem Boden zu. Die Kinder gaben sich große Mühe. Sie kicherten über den lateinischen Namen Bubo bubo, aber dann intonierten sie den Flug des Adlers und den Flug des Uhus zu Mathildas voller Zufriedenheit. Sie hatten kalte Füße, sie wollten schnell fertig werden und die Schuhe wieder anziehen.

Als ihnen klar wurde, dass das nur die Vorübung gewesen war, entwickelten sie plötzlich einen paradoxen Eifer. Mathilda begann mit dem anmutigen Klaviervorspiel, und sie ließen sich von der Begleitung mitreißen, schwangen sich zu einer verhaltenen Begeisterung auf, es war erstaunlich. Warum die Kinder gestern so albern und verbockt, heute so demonstrativ motiviert reagierten, blieb ein ewiges Pädagogenrätsel.

Die Fünftklässler sangen mit Engelsstimmen, und als die Lieder verklungen waren, ließ Mathilda die Finger noch eine Weile auf den Tasten liegen, spürte das Elfenbeinimitat in seiner widerständigen Glätte, legte ein stummes Gewicht darauf.

Nach dem Unterricht wischte sie die Tafel. Der Schwamm war ewig nicht ausgewaschen, immer nur neu angefeuchtet worden, die Kreide legte sich in großen Schlieren auf die moosgrüne Fläche, in gleichmäßigen Bögen, wie Schwungfedern, die alles zudeckten.

Auf dem Flur machte sich die Kunstlehrerin an der Stellwand mit den Schülerzeichnungen zu schaffen. Sie trug einen senfgelben Wollrock mit himmelblau aufgefilzten Blumen, sie trug eine bodenlange selbstgestrickte Jacke in Orange, sie trug eine schwere Kette aus Holzstückchen, Lochsteinen, Muscheln, verwobenen Gräsern, kleingerollten Seetangbällen und einem echten Möwenschädel, den sie, wie Mathilda aus uferlosen Erzählungen wusste, bei einem Strandspaziergang gefunden und als Wink der Götter interpretiert hatte.

Mathilda half ihr, die Stopper des Gestells zu lösen und die Wand aus dem Weg zu schieben, ans tote Ende des Gangs, wo sie weniger störte. Die Tür zum Werkraum stand offen, Mathilda sah über die Tische, die hochgestellten Stühle, hörte mit einem Ohr zu, wie die Kollegin über Belanglosigkeiten sprach, das Wetter, den Wind, der über Nacht aufgekommen war und sich anschickte, sich zu einem ersten Herbststurm zu entwickeln, sie sah zu, wie die andere die Zeichnungen abnahm und auf ihre, Mathildas, ausgestreckten Arme legte, geflügelte Monster und Siegesgötter, Dämonen und Eroten, und sie bewunderte von neuem, dass diese Figuren berückend exakt ausgefallen waren, die strengen Umrisse, die Schulterlinien und Zehen, das Gefieder der Flügelwesen, derartig gelungene Ergebnisse hätte sie dieser Frau niemals zugetraut.

Das wäre der Zeitpunkt gewesen, das Vasenprojekt in den höchsten Tönen zu loben, eine Kooperation anzuregen, Projektwoche, fächerübergreifende Einheiten, warum nicht auch die Mathematik einbeziehen, Berechnungen von Proportionen, von Flugkurven, vom Fassungsvermögen verschiedener Gefäße, aber die Kollegin sprach weiter über das Wetter, kam zügig auf ihre Migräne und ein aus diesem Grunde verpatztes Date.

Entsprach das bloße Kopieren von Antiken eigentlich den Anforderungen an die kreative Praxis im Unterricht? Schwarzfigurige Vasenmalerei ließ den Schülern keinerlei Spielraum für eigenen Ausdruck, und sie hatte die andere in Verdacht, dass sie die Klasse damit über Wochen beschäftigt hielt und sich selbst derweil gemütlich die Nägel feilte.

Ihr wurden die Arme lahm, sie rollte ungeduldig die Schultern, die Kunstlehrerin hielt ein Blatt mit einem geflügelten Löwen vor sich in die Luft und redete weiter. Chinarestaurant, parfümierter Tee, Geschmacksverstärker, Anfall von unerträglichem Kopfschmerz, das wäre der Zeitpunkt gewesen, über ihr eigenes Privatleben zu sprechen, ein wenig zu jammern und sich bedauern zu lassen, aber sie starrte auf das Blatt und beobachtete, wie sich die Schwingen des Löwen bewegten.

Schwarzfigurige Vasenmalerei, warf sie schließlich ein.

Schwarzfigurige Vasenmalerei abzuzeichnen und die Proportionen der schwarzen Gestalten mit den Proportionen der Gefäße in Einklang zu bringen war sicher nicht ganz einfach. Aber setzte sich die Klasse auch mit den Hintergründen der einzelnen Motive auseinander?

Zu ihrer Überraschung war die Kunstkollegin plötzlich ganz in ihrem Element. Zunächst würden die Typen griechischer Gefäße nachgetöpfert, die Mythen sollten sich die Schüler selbst erarbeiten, jeder die Geschichte zu seinem Motiv später in einem kurzen Referat vortragen. Es ginge ihr in erster Linie um die Sinnlichkeit künstlerischen Tuns, das Gefühl der direkten Verbindung von Hand und Form, allerdings lasse sich schwerlich übergehen, dass auch das Kultische bei diesem Thema eine Rolle spiele, denn es handele sich überwiegend um Ritualgefäße.

Im Werkraum, vorbereitet für den Schürbrand, reihten sich Schalen und Amphoren, Hydrien und Kratere, auch eine Kalyx, ein Kantharos, schülerhaft nachgearbeitet, die Wände ungleichmäßig dick, die Henkel schief, zudem aus dem hässlichen roten Ton, der zwar optisch dem Material der klassischen Vasen entsprach, aber doch das Anfängerhafte eines unglasierten Erstversuchs ausstrahlte, jenes Aschenbechers aus den ungezählten Töpferkursen der Volkshochschulen und Ergotherapien, den wohl jeder schon einmal geknetet hatte, denn auch das misslungenste Tonobjekt konnte im Zweifelsfall immer noch als Aschenbecher Verwendung finden.

Trotzdem besaßen die gewölbten rötlichen Bäuche eine stille Würde, Mathilda gelang es, über die rohe Farbe hinwegzusehen und sich auf die Formgebung zu konzentrieren, die ausladenden Rundungen, die engen Hälse, die großzügigen Münder.

Es atmete aus diesen Mündern, Mathilda konnte den gleichmäßigen Atem Birtes hören, die Gefäße atmeten ein und aus, erzeugten einen Luftzug, der plötzlich stärker wurde. Eine

Tür schlug zu, aber der Durchzug ließ nicht nach, er blies über die Papiere an der Stellwand, die Blätter raschelten, raschelten, lösten sich aus Mathildas Armen wie Herbstlaub, sie trieben im Korridor, sie schwirrten über den Boden des Werkraums und kamen zur Ruhe.

Mathilda bückte sich und sammelte die Zeichnungen ein, sie drückte sie an ihre Brust, damit sie ihr nicht noch einmal entglitten, die Kunstlehrerin war wieder auf das Thema Herbststurm zurückgekommen und hielt an zwei Ecken das Blatt, das sie zuletzt abgenommen hatte, wie ein gerade entfaltetes Taschentuch.

In ihrem Rücken wanderten die Schatten. Die Dunkelheit kroch aus ihren Schulterblättern, ein Gefühl von dumpfem Qualm, schmutzigem Dunst, sie presste die Oberarme an die Rippen, um den Ausfluss zu stoppen, aber er versiegte nicht, sammelte sich hinter ihr wie Rauch, der schlecht abzog, sich an der Wand staute.

Man konnte natürlich froh sein, überhaupt einen Schatten zu werfen. Aber nicht zwei oder drei. Sie sah gar nicht hin, sie spürte sie flattern, ein Schlagschatten für den Rumpf und Auswüchse rechts und links davon, lag es an der Beleuchtung des Werkraums mit den scheußlichen Leuchtstoffröhren, lag es an der Kollegin, die sich in einem ungünstigen Winkel zu ihr gestellt hatte, lag es an dem allgemeinen Verhalten der Schatten, dem unendlichen Hintergrund der Dinge, der die Objekte mit dem Raum verband und sie, während sie noch vor einem standen, wieder in die Tiefe der Vergangenheit zurückzog.

Sie hatte Angst. Etwas riss sie nach hinten, ins Gestern und Vorgestern, in den Strom der Jahre, die sie hinter sich zu haben glaubte, die aber immer noch eine Wirkung auf sie ausübten, sie hinterrücks durchdrangen und sie in eine unerfreuliche

Spannung versetzten. Sie war es leid, noch immer die Schülerzeichnungen festzuhalten, hatten die Kunstpädagogen alle Zeit der Welt? Sie drückte der Kollegin den Stapel in den Arm, verabschiedete sich schroff und hastete in den Musikraum zurück. Dort drehte sie sich um und starrte mit aufgerissenen Augen hinter sich auf die Wand, auf das, was gewesen war und von dem sie sich vergeblich zu entfernen suchte. Seit langem war sie im Begriff, sich davon zu entfernen. Aber sie konnte den Blick nicht davon abwenden.

Stromschnellen, Kielwasser, Gischt. Sie standen an der Reling, mit herausgedrückter Brust, den Kopf im Nacken, sahen hoch zu dem markanten Felsen, um den der gewaltige Fluss eine Kurve beschrieb. Schüttere Büsche am Hang, geschichteter Schiefer in schräg aufgetürmten Blöcken, ein Ragen und Drohen, das nackte Gestein in seiner Größe und zauberischen Schönheit, man konnte den Blick nicht von ihm wenden, lauschte dem Sang und fuhr ins Verderben.

Sie wusste nicht mehr, wie sie überhaupt darauf gekommen waren, diesen Ausflug zu machen, mit einem dieser überfüllten Touristenboote inklusive Kaffee und Kuchen, was schon für sich genommen die Stimmung ins Verzweifelte wenden konnte; sie waren bei bestem Wetter losgefahren, romantisches Rheintal, wie es sich gehörte, aber dann hatte es zu regnen begonnen, lange Strähnen fielen von oben, von der Kuppe des Felsens herab wie das unendliche Haar einer Nymphe.

Wahrscheinlich hatte er ihr entgegenkommen wollen, weil sie sonst in ermüdender Regelmäßigkeit Wochenende für Wochenende die Dorfkirchen abklapperten, um Bildmaterial zu sammeln, das er für seine Arbeit brauchte, zu brauchen meinte. Sie hatte nie etwas dagegen gehabt, in ländliche Regionen hinauszufahren, über die Höhenzüge zu wandern, in einer rustikalen Gaststätte einzukehren und dabei auch das eine oder andere sakrale Objekt zu besichtigen. Auch den Loreleyfelsen hatten sie bereits erklommen, in einem Pulk von fremden Leuten auf das rasch dahinfließende Wasser in der Tiefe geblickt und sich bald wieder zurückgezogen, weil die Reisegruppe, die sich hinter ihnen herandrängte, unerträglich schwatzte. Vielleicht hatte er sich eingebildet, dass sie, als Frau!, an der Loreley trotz allem besonderen Gefallen finden musste, und deswegen noch einmal den Blick von der anderen Seite, von unten in schwindelerregende Höhen gesucht.

Aber auch jetzt kam keine rechte Stimmung auf, der Felsen stand schroff, der Regen fiel in ihre Gesichter, sie schauten nebeneinander hoch, auf das Gestein, auf die schiefergraue Bewölkung, sie berührten einander nicht. Aus dem Schiffsraum drang Musik und das Klappern von Besteck, lieber standen sie im Regen, als dorthin zurückzukehren, aber die Wolken wurden dichter, man sah praktisch gar nichts mehr, und es regnete stärker.

Ein markanter Felsen, hatte ihr Gatte kommentiert, ein Felsen, der stark in den natürlichen Lauf des Stromes hineinstoße, definitiv eine Gefahrenstelle, überblendet mit der Anziehungskraft eines Feenwesens, das den Männern das Herz entflammt.

Mathilda hörte nur mit einem Ohr hin, es war jetzt nicht so, dass sie die Geschichte nicht kannte. Sie horchte auf das Plätschern des Wassers, das allerdings vom Schiffsmotor übertönt wurde, sie versuchte, die Regentropfen zu hören, die auf das Deck fielen, auf die Reling, auf die glänzenden Plastikbänke.

Der Schönheit der Loreley konnte kein Mann widerstehen, so begann die Erzählung nach Schema F, nur der eine, den sie selbst liebte, hatte sich von ihr abgewandt und war fortgezogen. Schon hier begann, rekapitulierte Mathilda, die Widersprüchlichkeit des Plots, die geeignet war, eine kognitive Dissonanz zu erzeugen, während der Verfasser der Geschichte, Clemens Brentano, suggerierte, die Abwicklung des Geschehens verlaufe in reiner Folgerichtigkeit. Wie sollte das möglich sein, entweder es existierte eine magische Anziehungskraft oder eben nicht, und wenn ja, warum konnte sich ihr ausgerechnet der Geliebte entziehen, wenn nicht einmal der Bischof imstande war, sich des Zaubers zu erwehren?

Offenbar bestand ihre Anziehungskraft in der Gleichgültigkeit, mit der sie beliebigen Männern entgegentrat, was diese anscheinend nicht gewohnt waren. Und an dem einen Punkt, wo ihre Gleichgültigkeit sich in Zuneigung verwandelt hatte, kehrten sich die Kräfte um, sie wirkte abstoßend, der Geliebte floh? Eine Geschichte aus voremanzipatorischen Zeiten, da die Frau sich dem Interesse des Mannes in jeder Hinsicht und speziell beim Gefühlshaushalt anzupassen hatte. Es ging nicht an, dass sie selbst eine Wahl traf, das war letzten Endes die Pointe aller Geschichten um die Mahrtenehe: Die Frau, aus jenseitigen Gefilden stammend, ist mächtig genug, sich ihren Mann selbst auszusuchen, aber das kann nicht gut gehen.

Hast du etwas gehört?, fragte ihr Mann durch den Regen hindurch. Er war selbst immer schlechter zu verstehen, sie hörte das Brausen des Windes, das Spritzen des Wassers, etwas gehört?, rief sie zurück.

Nun, sagte er, als Musiklehrerin – den Gesang?

In der großen Pause verließ Mathilda das Schulgelände und hastete ein Stück die Straße entlang bis zum Stadtpark. Eine Gruppe der jüngeren Schüler belagerte die Bank, die sie anvisiert hatte, und rauchte. Sie setzten sich in Bewegung, als sie Mathilda kommen sahen, sie schlenderten unauffällig, wie sie glaubten, rückwärts über den Schotterweg und verschwanden plötzlich zwischen den Büschen, um noch unauffälliger, wie allseits bekannt war, über den Zaun zurück auf den Schulhof zu klettern. Mathilda nahm die Bank in Beschlag, es roch nach Haschisch, sie holte die Chinakladde heraus und notierte die

Namen, auch aus der Ferne hatte sie alle zweifelsfrei erkannt. Sie schrieb sie in einer Zeile übereinander, bis keiner mehr lesbar war.

Der Wind frischte wieder auf und fuhr ihr in den Kragen. Die wächsernen Blätter der Rhododendronbüsche klatschten aneinander, gelbes Laub erhob sich vom Weg und wirbelte im Kreis. Der Ententeich kräuselte sich, warf kleine Wellen ans Ufer. Die Enten schwammen erwartungsvoll näher.

Sie blickte über den Teich in die Weite. Es kam ihr so vor, als habe sie noch nie so scharf gesehen.

Der Wind flirrte über die Wasseroberfläche, warf psychedelische Muster. Sie sah sehr genau, wie sie um diesen Teich gegangen waren, auf den zähen Abendspaziergängen, wenn er sich noch ein wenig »die Füße vertreten« wollte, namentlich wenn der wöchentliche Anruf bei seiner Mutter bevorstand, die unvermeidlich fragte, ob er auch genügend an der frischen Luft gewesen sei. Sie gingen für Mathildas Geschmack ein wenig zu schleppend, er über ein beliebiges Thema dozierend, die Politik, die Nachrichten, die gegenwärtigen Entwicklungen in der Philosophie, nichts also, mit dem er sich auskannte, aber er machte sich gern eine umfassende Kennerschaft vor, um zu verdrängen, dass sie, Mathilda, es war, die den größeren Teil des Geldes verdiente. Wie sie Hand in Hand um diesen Teich gegangen waren, peripatetisch, wie er gern betonte, in alberne scholastische Debatten vertieft, er argumentierte gern um des Arguments willen, er wollte Recht behalten, sie ließ ihn, ihr war es egal.

Die Enten watschelten über die Wiese heran, schnäbelten im Laub, wühlten zwischen den losen Blättern, als suchten sie dort tatsächlich etwas, wie Amseln es taten, aber Mathilda sah, dass sie es nicht ernst meinten, sondern nur darauf warteten, dass Mathilda endlich die Tüte mit den Brotbrocken herauszog. Sie wendeten die Blätter um und um, aber die Tüte kam nicht zum Vorschein.

Sie sah sich und ihn aus einer seltsamen Entfernung, von schräg oben, aus der Höhe des fallenden Laubs, 30 Meter konnte so ein Parkbaum locker messen, sie sah sich und ihn um den Teich schlendern, langsam, gemächlich, zu langsam für ihren Geschmack, aber sie hatte nie etwas gesagt, sie hatte dieses Schneckentempo stets geduldet, wahrscheinlich dachte er sogar, er täte ihr einen Gefallen damit, sie sei nicht gut zu Fuß und er nähme Rücksicht, natürlich um die eigene Faulheit, Schlaffheit, Niedrigenergie zu überspielen, sie schleppten sich mühsam Runde um Runde um den winzigen Teich, sie selbst musste sich fortwährend bremsen, sie konnte gar nicht so langsam gehen, es kostete sie enorme Anstrengung, nicht einfach loszurennen oder sich zumindest in einem natürlichen Tempo zu bewegen, sie kroch schließlich nicht auf dem Bauch wie ein Wurm, sie besaß Füße, damals jedenfalls hatte sie, war sie sich sicher, über Füße verfügt, damals, vorbei, vorbei!

Die Enten wandten sich enttäuscht ab, eifrig darauf bedacht, ihre Enttäuschung nicht merken zu lassen. Sie durchkämmten schwerfällig schaukelnd das Herbstlaub, wandten immer wieder ihren Kopf zu Mathilda zurück, gaben dann endgültig auf und glitten zurück ins Wasser.

Sie sah sich und ihn aus einer seltsamen Perspektive, aus der der Erinnerung, sicher, aber sie sah sie beide von schräg oben und von mehreren Seiten zugleich, was daher rühren mochte, dass sie permanent den Teich umkreisten, vorher und nachher und wieder vorher, sie sah sich und ihn gleichzeitig kommen und gehen.

Sie wollte seinen Namen gar nicht mehr nennen. Sie sprach nur noch allgemein von ihrem Ehegespons, von ihrem Angetrauten, von ihrem Gatten. Mit dem universalen Personalpronomen »er« stilisierte sie ihn allerdings zum universalen Partner, erhöhte ihn zum Mann schlechthin, das schien ihr auch übertrieben. Eine bekannte Dichterin hatte sich in einer vergleichbaren Situation auf den Namen Hans geworfen, »ich nenne euch alle einfach Hans«, hatte es sinngemäß geheißen, und sie wusste noch genau, dass Birte damals im Deutschunterricht davon beeindruckt gewesen war, aber mit Hans wollte sie erst gar nicht anfangen, zumal es sich in ihrem Fall nicht um mehrere Männer handelte, die ein abscheuliches Verhalten an den Tag legten, sondern dann doch nur um einen, den einen, um ihn.

Am anderen Ufer öffnete eine alte Frau ihre Handtasche, suchte darin herum, und die Enten erhoben sich umgehend in die Luft, schwangen sich pathetisch hinüber und landeten in einer langen Spur von Gischt.

Ich flog mit den Dunklen, den Wolken, ich folgte, ich floss,
ich trieb mit dem Wind, ich war seine Mitte, sein einziges Auge,
sein zorniger Blick.
Ich war ein Wolkenschatten im Wasser.
Ein wandernder Schatten auf wechselnden Oberflächen,
ein schwankender Pflanzenschatten
mit seiner subtilen Intensität.
Sonst geschah gar nichts. Es gab keine Handlung.
Nur flackernde Inseln im Raum, unvollständige
Inseln, die als die Dinge erscheinen, gespiegelte Weidenzweige
und Blätter, Schwäne und Haubentaucher, düstere Berge
mit flimmernden Umrissen. Wasserberg. Wolkenberg.
Seltsame Gänge auf Berge, die nicht existieren.
Mit einem Berg vermählt werden. Fortan dem Ritus
des Berges dienen, den unerforschlichen Bergen von Schuld.
Sie aber floss über wie ein Berg, verlor sich im Raum,
fand sich wieder als Sturmjägerin, sie folgte dem Wind
und sie rauschte mit ihm über die Wipfel,

sie war dieser Rausch, die Ekstase des Wetters, sie fand sich
sekundenlang in der Gestalt eines Blitzes, als wollte sie alles,
was sie berührte, durchdringen.

Sie sah die Baumkronen von schräg oben wie die Berge auf
einem alten chinesischen Landschaftsgemälde, schwebend im
Nichts, in der Ferne von Nebel durchtränkt, fast substanzlos,
in der Nähe massiv, aber doch von Wolken umhüllt, gnädig
für einen Moment hervortretend aus einem allumfassenden
Dunst. Sie sah die Baumgruppe, die direkt vor ihr am Ufer
stand, aus der Höhe der Vögel, sah auf die gelben Laubmassen,
die im Wind zitterten und aus denen sich einzelne Blätter lösten, aufs Wasser sanken, ein beruhigendes Rieseln aus großen,
wogenden, unerschöpflichen Körpern.
  Sie sah von einem ungewissen Standpunkt aus wie auf einem chinesischen Gemälde, die eigene Position befand sich
in großer Höhe, dennoch überragten die Objekte den Betrach-
ter, auch wenn dieser sich rein rechnerisch noch weiter oben
hätte befinden müssen, aber in dieser ungewissen Aussicht,
in dieser Undefiniertheit des Schauens kam das Erhabene der
Objekte zum Ausdruck, ihre Ewigkeit und Würde ebenso wie
ihre Ausgedachtheit, und diese Ausgedachtheit spürte sie auf
sich selbst übergehen, eine Bewegung in großer Leere, ein Blick
aus der Ortlosigkeit in den Raum.
  Blätter auf dem Wasser, gekrümmt, gespiegelt, kreiselnd.
Große, schöne Gewohnheit des Fallens. Das Entenhaus in der
Teichmitte war im Stil einer chinesischen Pagode gehalten, ge-
staffelte Dachebenen mit hochgewölbten Ecken, zu jeder Him-
melsrichtung ein Einschlupf, der Anstrich verblichen. Etwas
Haltloses hing im Raum und verwickelte die Gegenstände in
Gedanken. Etwas Haltloses hing im Raum und war kurz davor,
sich ganz aufzulösen, hielt sich dann fest an den Dingen, die
zu sehen waren, oder doch dahinprojiziert, in diesen Raum

des Damals, in diesen Raum einer unbeständigen, leicht zu vergessenden Gegenwart.

Was sie interessierte, war der Wind, der sie stützte, der von einer Seite kam und ihr Sicherheit gab, der ihr über die Wange strich, eine kühle Liebkosung, der sie sich entgegenstreckte, entgegenneigte, fast unmerklich, aber nicht unbewusst, er war angenehm, dieser Wind, er war eisig, kühlte ihr Gemüt, er war tröstlich, offenbar bedurfte sie eines gewissen Trostes, ein engelsgleicher Wind, der die Blätter hob und senkte, an den sie sich anschmiegen wollte, sich gegen ihn lehnen wie an eine vertraute Schulter, ein schrecklicher Wind, der an Stärke zunahm, sie atmete diesen Wind ein, sie atmete, so tief sie konnte, um so leicht und so mächtig zu werden wie er.

Der Wind durchwühlte ihr Haar, wehte ihr um die Beine, langfingrig, kalthändig, barfüßig, kühlschnäuzig. Der Wind, schien es, biederte sich bei ihr an, versuchte sie aufzumuntern, ihr ein Unterhaltungsprogramm zu bieten mit flatterndem Laub, wehenden Halmen, malerisch hingebogener Vegetation.

So weit war es also gekommen, dass sie sich auf etwas so Unzuverlässiges wie den Wind stützte.

Lose Enden flatterten von ihr weg, sie saß jetzt schon lange da, aber die Verschlungenheit in ihrem Inneren (oder wo sonst, wo auch immer) löste sich nicht, es ging nirgendwohin, sie saß fest in dieser Stadt, in diesem von ihr so brav geführten Leben, es handelte sich um geordnete, wenngleich etwas langweilige Verhältnisse, aus denen auszubrechen selbstverständlich der Wunsch aufkommen konnte, allerdings dann doch wohl eher bei ihr als bei ihm. Sie sah sich selber mit Engelsgeduld wieder und wieder um den allzu bekannten Teich schreiten, die Frage war doch, wie und warum sie das alles so lange ausgehalten hatte, ob es nicht längst an der Zeit gewesen wäre, der Wahrheit ins Auge zu sehen, die Frage war doch, hätte sie nicht selbst längst die Flucht ergreifen müssen, sich einfach vom

Boden lösen und in der Luft verschwinden, aber nun war nicht einmal dieser Wendepunkt in ihrem Leben, dieser doch wohl so zu nennende Einschnitt ihre eigene Entscheidung gewesen.

Was hatte sie davon, dass sie in dieser Parkanlage wartete, auf eine unklare, nur halb zu wünschende Veränderung. Wollte sie denn überhaupt, dass er wiederkam? Wäre es nicht auch entspannend, wenn sie endgültig allein bliebe? Sie würde ihren Job aufgeben und sich in ein Höhlenkloster zurückziehen. Sie würde etwas finden, für das sie sich ernsthaft interessierte.

Sie öffnete die Chinakladde wieder und schrieb weiter an den unlesbaren Namen der Schüler. Sie blätterte um und zeichnete Wind.

Hatten auch die alten Chinesen mit ihren Bergen und Flüssen am Ende nur Wind gemalt?

Sie zeichnete lange, wie der Wind die losen Blätter vor sich hertrieb und das Pampasgras beugte. Sie zeichnete nur seinen Schwung, nicht das Gras, nicht die Blätter.

Sie zeichnete die Windbewegungen von schräg oben, aus der Vogelschau. Die Zugvögel schwebten mit der Thermik über die Kontinente, die Wolken zogen in eiligen Fetzen vorüber, Strahlstrombänder wanden sich um den Globus, an der Polarfront verwirbelten kalte und warme Luftmassen, sie zeichnete Zirkulationssysteme, Strömungslinien, mathematische Exaktheit, sie zeichnete die Planetenbahnen und den ganzen unsichtbaren Kosmos.

Das weithin Sichtbare war letztendlich von einer unfassbaren Primitivität, und sie stellte mit Befriedigung fest, dass sich ihre Zeichnung des Windes von den vollgekritzelten Seiten davor nur in unwesentlichen Nuancen unterschied.

Ja, sie hatte Birte gesehen. Allerdings zu einem Zeitpunkt, da sie Birte keinesfalls hatte sehen wollen, weder physisch noch metaphysisch. Aber man klammerte sich an der Sichtbarkeit fest, wenn man fürchtete, sonst allein zu sein.

Plötzlich fuhr sie zusammen, da ihr Leben nun offenbar wirklich an einen Endpunkt gelangte. Ihr schien unendlich viel Zeit vergangen, die nächste Unterrichtsstunde, die Schule, ein einziges Verpassen, Versäumen, sie würde den Dienst quittieren müssen, weil sie in unerhörtem Ausmaß ihre Pflichten vernachlässigte, weil mit ihr nicht mehr zu rechnen war. Unpünktlich, unzuverlässig, unzurechnungsfähig, unberechenbar – es war erschreckend, dass mit einem einzigen Moment der Unachtsamkeit all das, was sie mühsam, in täglicher Kleinarbeit aufrechterhalten hatte, zusammenbrach. Sie sah die Schüler vor sich, wie sie vergeblich auf sie warteten, wie sie über Tische und Bänke tobten, wie irgendwann die Kunstlehrerin herüberkam und die Tür öffnete, weil der Lärm jedes Maß, selbst der Reformpädagogik, überstieg – aber als sie auf die Uhr schaute, war die große Pause noch nicht einmal vorbei. Sie stand hastig auf und schlug sich in die Büsche, nahm die unauffällige Abkürzung über den Zaun (den Zaun würde man erhöhen müssen, er war so niedrig, dass seine Funktion gegen null tendierte, eine bloß symbolische Maßnahme, die sie sogar in ihrem engen Rock, den Seidenstrümpfen, den rutschigen Schuhen ohne weiteres zu überwinden imstande war), sie landete in dem rudimentären Gesträuch, das den Zaun vom Schulhof aus verdeckte, trat auf ploppende Schneebeeren und klebrige rote Eibenbeeren, sie stand pünktlich vor der Klasse, nichts war geschehen.

Den Mathe-Leistungskurs ließ sie Papierstreifen zu Monsterkurven falten, um das Prinzip der Selbstähnlichkeit zu verdeutlichen. Sie teilte die Streifen aus, die sie vorbereitet hatte, um Zeit zu sparen. Es war keine Bastelstunde, sie ließ sie nicht erst mit Scheren hantieren oder an der Tischkante Stücke aus ihren Spiralblöcken abtrennen, es ging nur darum, zu veranschaulichen, wie Fraktale funktionierten. Man faltete den Streifen in der Mitte, man faltete ihn ein zweites Mal und wieder und wieder, immer in eine Richtung. Dann nahm man den Streifen vorsichtig wieder auseinander und erhielt ein mäanderndes Band, die Drachenkurve. Sie ließ sie die Schneeflockenkurve konstruieren, Initiator, Generator, drei Itinerationen, dann erhielt man schon die Kochsche Insel, ein aufgewölbtes, gezacktes Gebilde. Sie versuchte zu vermitteln, dass diese Operationen ins Unendliche führten, dass die unendliche Differenziertheit die normale Dimension einer Linie aufhob und sie in Richtung der Zweidimensionalität einer Fläche brachte, aber nicht ganz, dass durch diese gebrochenen Dimensionen die euklidische Raumvorstellung, in der sich die Dimensionen in Einerschritten steigerten, von der modernen Topologie hinweggefegt wurde. Beispiele aus der Lebenswelt. Wurmfarn und Adlerfarn, römischer Blumenkohl. Frauen mit Drachenhaut.

Im Raum nur das Rascheln von Papier, das Schaben von Stiften auf einer glatten Oberfläche, das Gleiten von Fingerkuppen über den Falz.

Erniedrigte Frauen funktionierten wie die Monsterkurve. Man knickte sie, knickte sie wieder, und sofort vervielfachte sich ihre Monstrosität, raumfüllend, selbstausweichend.

Verlassene Frauen nahmen monströse Züge an. Verstoßene Frauen wurden zu Furien, zu Drachen, ein quasi natürlicher Prozess, der allerdings beinhaltete, dass diese Frauen auch schon zuvor als Drache respektive als Furie galten. Jeder wusste, dass es solchen Frauen nur recht geschah, man wunderte sich meist, dass es nicht früher dazu gekommen war, dass der Mann es überhaupt so lange ausgehalten hatte, kein Wunder, dass er nur noch wegwollte, volles Verständnis, zum Glück keine Kinder.

152

Spürte sie denn etwas, das Wachsen von Hauern, von Hörnern, den triefenden Geifer, das schlangengleich kriechende, kringelnde Haar? Nein, sie glaubte noch immer an ein Missverständnis. Sie mochte etwas überhört haben, eine Ansage, eine undeutliche Mitteilung, eine Erklärung. Sie empfand sich als emanzipierte Frau, und nur weil der Mann ein paar Tage nicht da war, ließ sie sich nicht gleich ins Bockshorn jagen. Die Sache würde sich aufklären. Sie musste sich aufklären. Alles andere war Irrsinn, war undenkbar. Hob die Welt aus den Angeln.

Sie lauschte auf das knackende Papier, ließ diejenigen, die schon fertig waren, ein Sierpiński-Dreieck zeichnen, eine außergewöhnlich ruhige, geradezu meditative Stunde; konzentrierte Stille, greifbarer Eifer, Bleistiftstriche, die die Dimensionen zerbrechen ließen. Sie faltete ihren eigenen Papierstreifen, das Beispiel, das Vorbild, wieder und wieder, bis er sich plötzlich sperrte, sich auch mit aller Kraft nicht mehr weiter übereinanderlegen ließ.

Barfußgang

Sie schleppten zwei Füße, eine Hand und ein fleischrotes Herz den Nordhang des Berges hinauf. Die Hand verlängerte sich mit dem Unterarm bis zum Ellenbogen, dem Herz saß eine Flammenkrone auf. Alle Körperteile hatte Olivia sorgfältig in Leinentücher gewickelt und einzeln in Beuteln verstaut. Sie hatte dazu ein steifgebügeltes Bettlaken zerschnitten und die weißen Quadrate auf dem Holzboden der Hütte ausgebreitet. Auf dem Laken sah das bleiche Wachs der menschlichen Haut sehr ähnlich, genaugenommen der Haut eines Toten.

Olivia trug an jeder Hand einen Stoffbeutel mit einem Fuß. Mathilda wusste, dass sich in ihrem Wanderrucksack das Herz befand, sie versuchte, nicht daran zu denken. Ein mulmiges Gefühl ging von diesem Gegenstand aus, das unendlich Drückende alter Dorfkirchen, der muffige Geruch von Schweiß und kaltem Weihrauch, den das steinerne Mauerwerk über Jahrhunderte aufgesogen hatte, gemeinsam mit Kummer und Sorgen, die sich mit jedem Atemzug der Betenden feucht auf die Wände legten, eine Inwendigkeit, die sich nach außen gekehrt hatte und dort unkontrolliert alles durchdrang.

Birte hatte die umwickelte Hand in ihrer Korbtasche versenkt, sie schien gar nicht wahrzunehmen, was vorging.

Sie schleppten wächserne Votivgaben über die Schattenseite des Berges. Der Hang war an diesem Abschnitt erstaunlich steil.

Nieselregen fiel gleichmäßig und unaufhörlich. Birte trug einen gelben Regenmantel mit Kapuze, sie trug gelbe Gummistiefel, die Mathilda noch aus ihren Kindertagen kannte. Ein

Phänomen, dass sie Birte immer noch passten. Aber Birte war erst schnell gewachsen und dann in der Entwicklung steckengeblieben, als alle anderen gerade in die Pubertät kamen. Der Schock, hieß es damals, und diesen Schock konnte Birte nie überwinden.

Mathilda hatte einen dunkelblauen Anorak übergeworfen, den sie von Olivia geliehen hatte. Olivia selbst ging barhäuptig, ohne Jacke, in einem grobgewebten, formlosen Oberteil, das sie als ihr Büßergewand bezeichnete. Ein Stardesigner hatte es entworfen, es hatte ein Vermögen gekostet und sah aus wie ein Sack. Der Stoff saugte das Wasser auf und wurde mit jedem Schritt schwerer. Mathilda bemerkte aus den Augenwinkeln, wie er länger wurde, zäh an Olivia klebte, wie er kratzte. Man sah diesen Fasern die Kratzigkeit an. Am nächsten Morgen würde Olivia mit rotem Hautausschlag erwachen. Das nahm sie in Kauf, es ging ihr um die Bildwirkung, das Kleidungsstück erfüllte seinen Zweck. Sie wollte sich ihres Waldstücks würdig erweisen. Und sie konnte endlich, trotz oder wegen der Allergie, ihren Fehlkauf optimal nutzen.

Sie brachen in einer geraden Linie durch den Wald nach oben. Spanische Treppe, Kreuzberg, Kalvarienberg, der Aufstieg sollte möglichst mühsam sein. Mathilda war froh, dass Olivia nicht darauf kam, auf Knien zu rutschen. Dazu fehlte offenbar das Publikum. Es reichte ihr, wenn sie zerzaust, von Dornen zerkratzt, mit Stacheln und Kletten gespickt oben ankam.

Nieselregen fiel auf das eingerollte Laub, auf bemooste Steine, auf flechtenbehangene Zweige. Nieselregen fiel auf die Blätter, golden, verdunkelt, tropfte auf die Welt, ruinierte die Stimmung, überzog das Vorher mit Melancholie. Der Herbst senkte sich schwer auf den Berg, drückte seine Feuchtigkeit auf ihre Schultern, knickte die Halme ab, ließ die letzten Blumen vermodern, die Tage verblassen. Die Tropfen hingen Mathilda im Haar, in den Wimpern. Unendliches stummes Weinen. Die Einsamkeit wuchs.

Eine Unterführung, die sie zügig durchschritten. Unter den alten Steinen war es feuchter als draußen, es roch nach Fäulnis und Exkrementen und Erbrochenem, wie es in allen Unterführungen roch, erstaunlich, dass nicht einmal die Waldeinsamkeit es vermochte, eine Unterführung in dieser Hinsicht zu neutralisieren. Aus der Decke waren Stalaktiten gesintert, graue, in die Länge gezogene Tropfen, unendlich langsam rannen sie aus dem Zement und verfestigten sich zu dämmrigen Stäbchen, kabelgrauen Zapfen. Olivia bemerkte sie nicht.

Der tröpfelnde Regen, die herbstliche Kühle, die über Nacht schwärzlich gewordenen Blätter. Die Ungeduld, mit der sie weiter vordringen wollten, tiefer ins Innere, ins Herz des Waldes.

Lange bin ich gewandert in dieser vergänglichen Welt,
und nun gibt es niemanden, der um mich Sorge trägt.
Entleert ist mein Haus, allein steht es da in der Ödnis,
mit Efeu bewachsen, von Wolken umhüllt.
Nur der Herbst kam in meine Abgeschiedenheit,
er rief nach mir, und ich folgte dem Ruf,
während im Garten die letzten Astern verblassten,
bis auch sie meinem traurigen Dasein ähnelten.
Endlich die Dämmerung, preisgegeben dem Blick,
zu nackt, zu bloß, um sie zu ertragen,
und dahinter der regnerische Himmel ...
Ich sehnte mich nach dem verfärbten Laub,
schritt über Gras, das von Tag zu Tag mehr vergilbte,
ich schritt unter nassen Bäumen, im Regen, im Wind.
Der Sturm dieser Nacht hat Dämme aus Herbstlaub gebaut,

er hat schwarze und goldene Blätter zusammengeschoben
zu einem brokatenen Rinnsal,
wir waten darin, wir schwimmen hindurch
wie Wasservögel, denen sich oben und unten vertauscht hat.

Jenseits des Forstweges standen nur noch verkohlte Stämme.
Die Harze und aromatischen Öle, das minimalistisch eingefaltete Blattwerk, die poröse Borke ließen die Fichte bei Trockenheit brennen wie Zunder. Sie beugten sich unter einem Flatterband hindurch, mit dem der Waldweg abgesperrt war, sie trotteten an den schwarzen Stümpfen entlang, der Regen fein und beständig, der Boden voll Asche.

Der Laubwald, dachte Mathilda vorwurfsvoll zu Olivia hin, schuf sich sein Klima selbst, die Kühle, die Feuchtigkeit, die man unter Bäumen gemeinhin erwartete. Der Nadelwald hingegen arbeitete mit maximaler Verschattung, den dunkelsten aller Kronen, mit Undurchdringlichkeit und Geheimnis. In Olivias Wald hatte sich das Düstere ganz in den Ruß zurückgezogen, in schäbige Reste. Der Himmel lag offen.

Olivia stapfte weiter, Regen fiel sacht, es war ein Regen, der auf dem Boden auftraf und sofort verdunstete.

Wo wollte sie hin? Sie wollte ins Zentrum des Brandes, offenbar stellte sie sich darunter etwas vor wie das Auge des Orkans, eine Stelle von bedeutender Intensität.

Dann schrie Birte auf. Ihr Gummistiefel war an der Seite der Sohle geschmolzen. Unter der Ascheschicht glühte es noch.

Olivia wollte entzückt in die Hände klatschen, aber sie trug die beiden Beutel und wedelte nur zustimmend mit den Ellbogen. Auf ein solches Glutnest hatte sie es abgesehen.

Wo ist es genau, fragte sie Birte. Birte sollte den Stiefeltest machen, die Hitzeränder abschreiten, den Umfang der Stelle bestimmen. Aber Birte betastete die geschmolzene Stelle ihres Schuhwerks, am rechten kleinen Zeh war das Material weich geworden, sie hatte die Hitze schmerzhaft gespürt, zog den Gummistiefel aus, streifte das Söckchen ab, der Zeh war gerötet. Sie benetzte ihn mit Spucke, hielt den Fuß in den Regen.

Mathilda nahm sich einen angekokelten Ast, prüfte seine Temperatur (er war vollständig erloschen), stocherte mit ihm in der Asche und versuchte den Platz, der noch glühte, vorsichtig einzugrenzen.

Olivia hängte ihre Beutel an eine verstümmelte Astgabel und hob das erste der Objekte heraus. Sie wickelte das Leintuch ab und legte das Wachsvotiv an den Rand des Glutnestes, ließ sich von Mathilda den Ast geben und schob es damit weiter hinein. Der Fuß lag auf einer dunkelgrauen, grabesgrauen Schicht, er war weißlich und zugleich seltsam verdreckt, ein uraltes Wachs, das den Fuß eines längst Verstorbenen nachahmte, den schmutzig verhornten Fuß eines Greises. Sie sahen zu, wie das Wachs langsam seine Form verlor. Die Mittelfußknochen traten am Spann deutlich hervor. Dann schienen sie einzusacken, der Spann wurde feister, erst verflüssigte sich die Außenkante der Ferse, dann des Ballens, der Fuß sackte ab und zerschmolz vollständig, wie Schnee.

Olivia hielt Birte den zweiten Fuß hin, aber Birte wollte nicht. Sie stand abseits auf einem Bein, lehnte mit dem Rücken an einem geschwärzten Stamm, fühlte immer wieder hinter sich, dass wenigstens der Regenmantel unversehrt blieb.

Olivia opferte auch den zweiten Fuß, es handelte sich um einen Klumpfuß, so unförmig, dass ihm die Glut eher zum Vorteil gereichte. Mathilda war froh, als der Klumpfuß verschwunden war. Und sie fragte sich, ob der Auftraggeber dieses Objekts mithilfe des Wachses von seinem Leiden geheilt worden war.

Nach einer gewissen Zeit der Ausstellung im Andachtsraum schmolzen die Kirchen die Wachsvotive zu Altarkerzen und Beleuchtungskerzen ein. Bienenwachs war kostbar, aber für die Kirchen gerade gut genug. Es brannte mit Gleichmaß und Wohlgeruch, während die Unschlittkerzen und Talglichter in den Haushalten der Leute rußten, qualmten und stanken, sie rochen nach dem tierischen Fett, das für Altarkerzen nicht spirituell genug war. Insbesondere die Osterkerze erforderte ein jungfräuliches, absolut reines Bienenwachs. Auch diese Vorstellung erfüllte Mathilda mit Unbehagen. Ein segensreiches Licht auf der Basis von brennenden Füßen und sonstigen Körperteilen, dessen Stoff sich aber von den Schlachtabfällen, den Schafsbestandteilen und also namentlich dem Opferlamm, um das ansonsten bekanntlich viel Gewese gemacht wurde, fundamental unterschied, ein solches Licht hatte eine symbolische Transformation bereits vollzogen, daher konnte es wohl auch mit Leichtigkeit die außerordentliche Kraft entwickeln, die erforderlich war, um Materie in Geist zu verwandeln.

Olivia bat Birte, das Leinenbündel aus der Korbtasche zu nehmen, sie bat Mathilda, mit der Fotodokumentation zu beginnen.

Olivia, im Regen, mit flachgelegtem Kurzhaar, tropfendem Kinn, Olivia im härenen Hemd, dem die Dornen nichts hatten anhaben können, das vor Robustheit strotzte, das vollständig intakt geblieben war. Olivia, die mit einem schwarzen Ast eine weißlich schimmernde Hand über den grauen Waldboden an die heißeste Stelle schob.

Birte, gelbe Pilzfigur in Symbiose mit der verkohlten Fichte.

Olivia, Beschwichtigerin des vernachlässigten Waldes, für den allerdings jede Bemühung zu spät kam.

Mathilda machte einige Aufnahmen mit Olivias eigenem Gerät. Sie kletterte über umgestürzte Stämme, sie bemühte sich, Olivia von verschiedenen Seiten in Szene zu setzen. Olivia hatte schon immer einen morbiden Geschmack gehabt, die ganze Sepulkralkultur drückte, fand Mathilda, aufs Gemüt, und auch jetzt kamen ihr Zweifel, ob Olivia wirklich ihr eigenes Fehlverhalten auf eine groteske Art abbüßen wollte oder ob es ihr nicht vielmehr darum ging, mit der Vernichtung fremder Fußplastiken Rache zu nehmen an denen, die ihr Waldstück in unlauterer Geistesverfassung betreten und durch nachlässiges Gehabe, Unachtsamkeit, Ignoranz den Brand verursacht hatten. Durch diese demonstrative Aktion, das traute Mathilda ihr ohne weiteres zu, wollte sie künftige Wanderer warnen, sie wollte den nächsten Besuchern zeigen, was ihnen im Fall des Falles bevorstand, es war eine Drohung.

Schließlich klaubte Mathilda das letzte Objekt aus ihrem Wanderrucksack, ein leinenes Ei, das sie ungeduldig mitsamt der Umhüllung auf die Glut warf, bevor Olivia sich seiner bemächtigen konnte. Das Tuch fing Flammen, leuchtete sofort auf, ein feinfädig glimmendes Gitter, in dem das rote Herz zu einem glatten Klumpen zusammenschmolz, zum Ei eines mythischen Wesens, das in der steinigen Wildnis, das auf rauhen Felskanten nistet, das sein Gelege vom Feuer ausbrüten lässt.

Olivia drängte sie, weitere Fotos zu machen, aber Mathilda gab ihr den Apparat und starrte auf das Wachs, auf die rötliche Flüssigkeit, die sich ausbreitete, unsichtbar verdampfte, im Waldboden versickerte.

Müsste sie jetzt nicht irgendein bedeutendes Gefühl entwickeln, zum Beispiel, dass sich alles um sie herum verdüsterte, dass sich die große Verneinung, die sie durch Wohlverhalten in Schach hielt, auf die gesamte Umgebung legte, der Waldboden mit Wachs getränkt, der Waldboden, aus dem Tausende schwarze Dochte ragten, ein deprimierendes Aus, ausgebrannt, ausgelöscht, ausgedacht.

Sie dachte an ihren Mann, seine demonstrative Abwesenheit, und auf einmal spürte sie die Hitze des Bodens unter ihren Füßen, eine verzehrende Wärme stieg von unten hoch, und sie wusste, dass sie die Form verlor wie Wachs. Auch wenn sich äußerlich nichts veränderte, es war klar, dass sich die Konturen auflösten, dass sie dahinschmolz, glatt und leicht, und sich ausbreitete, zu den Seiten hin, aber auch in die Höhe und in die Tiefe, ein Aufsteigen und ein Einsinken, unter die Oberfläche, nicht erdig sickernd, nicht belastet von der Schwere des Waldbodens, überhaupt unbelastet von der Schwerkraft, es war eher ein Sich-Ausdehnen, subtil, aber unaufhaltbar.

Ganz innen das Wogen des Waldes, es musste ein imaginärer Wald sein, da der abgebrannte Wald starr stand, ganz innen eine sanfte Ausfaltung von Formen, Wolken und Wind, ganz innen die klassischen Bestandteile des Wetters, das auf einmal ihr gehörte, ging das überhaupt, sich im Besitz, im Vollbesitz des Wetters zu fühlen, es ging problemlos, es gefiel ihr sogar, auch wenn sie sich sonst in Bescheidenheit, ja Askese übte, auch wenn sie sonst Gleichgültigkeit walten ließ gegen alles, was sie als käuflich empfand. Sie verachtete, dachte sie, den Handel, das Feilschen um Vorteile, sie konnte es nicht ausstehen, wenn ihr Gefälligkeiten erwiesen wurden, nur um etwas dafür zurückzubekommen, sie revanchierte sich nie, sie wollte nicht genötigt sein, sondern, wenn schon, aus freien Stücken handeln, dabei hatte sie, dachte sie jetzt, in ihrem Leben nur selten etwas getan, was vom Mechanismus der selbstherrlichen Ursache und erzwungenen Folge abwich, sie hatte sich angepasst, sie hatte reagiert und Ansprüche erfüllt. Die Freiheit einer selbstbestimmten Tat – falls es so etwas gab, war es selten und kostbar, und sie hatte sich, wenn überhaupt, nur gelegentlich in der Nähe ihres Gatten unkontrolliert, undirigiert, ungegängelt gefühlt.

Jetzt aber empfand sie den Wind, der über die Baumwipfel

fuhr, als eine Zugehörigkeit, etwas schwang sich auf, aber es bewegte sich auch unterhalb, unterhalb von was, sie besaß keine Sohlen mehr, sie besaß keinen Körper, sie besaß nur noch dieses lautlose Brausen, das alles andere in den Hintergrund treten ließ, das also die Welt ausleerte und mit einem unpersönlichen Wehen erfüllte, es wehte, es stürmte, und sie selbst ein transparentes Fluidum, von bemerkenswerter Zartheit, von bemerkenswerter Kraft, das den verheerten Wald mit seiner Zärtlichkeit umgab, einer Zärtlichkeit, die sie staunen ließ.

Sie fuhr zusammen, als Birte sie in die Seite stieß.

Dein Schuh schmilzt, sagte Birte, pass doch auf. Hast du es nicht bei mir gesehen, ich habe Verbrennungen ersten Grades.

Solch eine Grobschlächtigkeit war sie von Birte nicht gewohnt. Eine harte Berührung war für Birte vollkommen untypisch. Birte hätte sie sanft an der Schulter fassen und ein Stück zur Seite lenken müssen, von ihr selbst beinah unbemerkt, nur durch Willenskraft.

Ein Vogel flog ihnen voran, wies ihnen den Weg. Ein schwarzer Vogel, dachte Mathilda mit Genugtuung, eine Rabenkrähe, kein schönes, schneeweißes Vögelein, das sich märchenhaft vom Waldesdunkel abhob. Eine Rußwolke wies ihnen den Weg, ein beweglicher Schatten.

Vögel im Wald. Gab es in einem verbrannten Waldstück noch Vögel? Mathilda meinte ihre Rufe aus der Ferne herüberwehen zu hören, von dort, wo der Wald noch intakt war, grün und feucht, aber es konnte sich um eine Einbildung handeln, das Quietschen eines Astes im Wind, das Schnarren von Maschinen, von Motoren auf der Straße im Tal.

Sie gingen zurück, erleichtert, befreit,
sie gingen zurück ohne Hand und Fuß,
sie opferten Körperteile, brachten Wachs
dem Wald dar, dem Wald. Von nun an
verzichteten sie auf wohlüberlegtes Handeln,
auf sinnvolles Reden, belastbare Zahlen,
auf alle Erkenntnis aus sicheren Quellen.
Wir gingen zurück unter den Aschevögeln,
dem Sang von verglühenden Stämmen,
wir kehrten zurück ohne Hand und Fuß,
fortan nicht mehr stimmig, nicht länger
bedacht und besonnen. Ich leuchtete
mir nicht mehr ein, ich war nicht mehr
nachvollziehbar und niemandem mehr
eine Hilfe, wer konnte sich jetzt noch auf mich
verlassen, so ging ich zurück ohne Hand und Fuß,
war nur so dahingesagt, nicht mehr fundiert, sondern
schwebend. Ein schwebender Ruf, der Gesang
von lange vergangenen Wesen, von Wind.
Ich sang von verglühenden Stämmen, ich sang
von Verwandlung, von denjenigen ohne Hand
und Fuß, von denen mit Flügeln, mit Fängen.

Zugunruhe

Olivia schickte ein Paket, das schon am Tag nach ihrem Wald-
gang bei ihr eintraf. Sie fand es nach der Schule vor der Haustür auf dem Treppenabsatz vor und nahm es mit hinein. Es
war erstaunlich schwer und mit einem »Vorsicht! Zerbrechlich!«-Klebeband umwickelt. Sie stellte es auf den Küchentisch,
zog den Mantel aus, suchte in der Besteckschublade nach dem
schärfsten Messer und sägte vorsichtig das Plastikband durch.
Sie häufte Holzwolle auf den Tisch, sie hob einen Gegenstand
aus dem Karton, der dick in Blisterfolie gewickelt war. Auch
hier musste sie mehrere Schichten Klebeband zerschneiden,
bevor sie das Gefäß auswickeln konnte, eine hohe Keramik-
vase mit Deckel, eine Art Urne. Sie nahm den Deckel ab und
entfernte eine Zwischenlage aus Zeitungspapier, sie holte zu-
sammengeknüllte Zeitungsseiten aus dem Vasenbauch. Dann
stieß ihre Hand auf einen Gegenstand in einer weißen Damast-
serviette. Sie schlug die Serviette auf und sah ein Herz, das
noch pochte. Kein stilisiertes Herz in symmetrischer Herz-
form, sondern ein fleischfarbener Klumpen mit dem Ansatz
der Aorta, vollkommen naturalistisch gestaltet. Trotzdem hatte sie in der Aorta zuerst fälschlich die Flammen erkannt, weil
das Objekt aus einem ähnlich gefärbten Wachs bestand wie
die Votive.

Sie suchte den Karton nach einer Botschaft, einer Inschrift,
einer Erklärung ab. Sie zerwühlte die Holzwolle auf dem Tisch,
strich die Zeitungspapiere glatt, steckte den Arm schließlich
noch einmal in die Vase, tastete über den glasierten Boden.
Aber was erwartete sie zu finden?

– Ich schicke Dir mein Herz, bewahre Du es für mich. Mit den Männern bin ich fertig.

– Das Prunkstück meiner Moulagensammlung, für Dich, meine Liebe. Über die Jahre wird es noch an Wert gewinnen. In Dankbarkeit, O.

– Liebe Mathilda, Du kannst dies getrost als Drohung verstehen.

Sie wusste nicht, was sie davon halten sollte. Eine Sammlung von Moulagen passte zwar zu Olivias Obsessionen, ihrem professionellen Interesse an Totenkult und allen Arten von Bestattungen, trotzdem konnte sie die Sendung nicht einordnen. Hatte Olivia versehentlich die Adressaten verwechselt, sollte das Herz als Vorwurf an ihren Ex-Mann gehen, der jetzt stattdessen etwas Brauchbares erhielt, eine Kiste mit Rotwein, eine große Blechschachtel mit Printen und Lebkuchen?

Sie schlug das Damasttuch um das Wachsobjekt und senkte das Bündel zurück in das Gefäß, sie setzte den Deckel auf und wusch sich gründlich die Hände.

Sie konnte das Wachsobjekt auf dem Grill im Garten zum Schmelzen bringen. Sie konnte die komplette Vase vergraben, aber wozu? Sie konnte die Vase dekorativ im Haus aufstellen, aber wie wollte sie verhindern, dass ihr Mann hineinblickte und das unsägliche Innere vorfand?

Das Ganze musste ein Irrtum sein, eine Verwechslung. Schon seit Tagen war sie Opfer eines unerklärlichen Versehens geworden, in das auch ihr Mann verwickelt blieb.

Schließlich packte sie die Vase mit ihrem Inhalt wieder sorgfältig ein, stopfte die Holzwolle fest, verschloss den Karton mit neuem Klebeband und adressierte das Ganze an Birte.

Die Blätter rutschten über die Trittplatten im Vorgarten, der Himmel leerte sich, sie war nervös. Der winzige Ginkgo warf noch kein Laub ab, das Laub fiel aus den Straßenbäumen, die nach dem Unwetter im Frühsommer noch standen, es fiel verfrüht vom Ast und wehte auf ihr Grundstück.

Zu Pfingsten hatte ein Sturmtief die Hälfte der Bäume in der Innenstadt flachgelegt. Riesige Kronen versperrten die Fahrbahn, die Fußwege, und sie war über Wurzelballen und Stämme gestiegen, hatte sich ihren Weg durch einen grünen Laubdschungel gebahnt. Die Verkehrung der Verhältnisse von oben und unten beeindruckte sie nicht. Bemerkenswert war, dass auch die gestürzten Bäume sie immer noch überragten.

Sie vermisste die Birke vor dem Haus ihrer Eltern, als bliebe dieser eine Baum von allen Veränderungen unbetroffen, als materialisiere sich in ihm die Leichtigkeit, mit der sie als Kind mit der Landschaft verschmolz, als enthalte diese Birke allein noch das Licht, das damals durch ihr Wohnzimmerfenster fiel und das im Herbst, an den stillen Mittagen, honigfarben, bernsteinfarben schien, als dränge es durch Butzenscheiben, ein lautloses Licht, das den Raum weitete, moosgrün und kirchenfensterblau, das auch sie selbst weitete zu einem luftigen Körper, der sich über die Hauswände hinaus erstreckte.

Jetzt erinnerte sie sich plötzlich daran. Es war nicht die Birke, es war dieser Zustand der Ausweitung, den sie vermisste. Sie hielt noch immer das Paket vor sich hin und sah in den Garten hinaus.

Sie sah die abgeknickten Bäume wieder vor sich. In ihrer Straße hatte es zwei Exemplare getroffen. Der eine war abgebrochen, der gesplitterte Stamm über ein letztes Stück Rinde noch mit dem grünen Laub verbunden, das aufgefächert auf die Straße drückte. Sie hatte lange danebengestanden, verstohlen die dunkel glänzenden Blätter gestreichelt, in das Gewirr aus Zweigen und Laub und hellen Lücken gestarrt, und auf einmal waren ihr die Lücken besonders bedeutungsvoll erschienen, als sammle sich in ihnen nicht nur das Licht, sondern auch der zur Ruhe gekommene Wind.

Der zweite Baum war mit flacher Wurzelscheibe aus dem Boden gebrochen. Ein paar dürftige Erdklumpen lagen über den Bürgersteig verteilt, der Baum auf den Kopf gestellt, das Unterste zuoberst, und quer über die Straße eine hohe Barriere aus Blättern. Das Laub wirkte frisch und lebendig, es hing fest am Ast, sie hatte das Laub hoher Kronen noch niemals aus solcher Nähe gesehen.

Pfingststurm, ausgerechnet, sie hatte es zuerst nicht glauben wollen. Der Pfingstsamstag war ein strahlender, unverdächtiger Tag gewesen. Auch der Sonntag und der Montag fielen durch besonders prächtiges, freizeitkompatibles Wetter auf. Abends kamen sie von einem Ausflug zurück, als sich der Himmel verdüsterte, der Wind zunahm.

Sie hatten die Vorhersage gehört und schlossen alles ab. Sie trugen die empfindlichen Kübelpflanzen hinein, deponierten die Gartenmöbel und den Sonnenschirm vorübergehend in der Garage, verriegelten die Türen, die Fenster. Sie ließen die Rollläden herunter, dann setzten sie sich ins Wohnzimmer und warteten. Der Wind kroch ums Haus, er rieb sich an den Wänden, sie hörten ihn pfeifen, jaulen, rappeln. Irgendwo schlug ein Gegenstand an einen anderen, Holz klapperte, schwer zu lokalisieren, die Ferne rückte heran, kam näher wie an den lauen Sommerabenden, wenn Kinder in der Dämmerung spielen und ihre Stimmen die Weite ins Haus tragen. Wirbelwind, so hatten die Erwachsenen früher Birte tituliert, obwohl sie in Wirklichkeit eher nervös war als lebhaft, aber neben Mathilda, die sich gemessen bewegte, beherrschter, wirkte sie immer, als schwebe sie freudig über der unzuverlässigen Welt.

Blech schepperte, irgendwo draußen, sie saßen im Halbdunkel, nur die Klavierlampe brannte und warf lange Schatten an die Wand. Sie spürte, dass die Unruhe zunahm, aber sie konnte nicht entscheiden, ob es eine Unruhe zwischen ihnen oder nur ihre eigene Unruhe war. Er bat sie, etwas auf dem Klavier zu spielen, und sie spielte den Walkürenritt, den sie gerade durchnahm mit den Achtklässlern, ein furchtbares Stück, gleichzeitig quietschend und pathetisch, das aber bei den Kindern regelmäßig auf Interesse stieß, weil sie es von Klingeltönen und Computerspielen kannten.

Ihr Mann neigte dazu, in solchen Situationen zu dirigieren, und sie war froh, dass sie ihm den Rücken zuwandte, sie wusste, er saß auf dem Triclinium mit geschlossenen Augen, den Kopf ein wenig geneigt, Daumen und Zeigefinger locker zusammengeführt und aus dem Handgelenk nach vorn gehoben, sie spielte den Ritt durch die Lüfte, während er ihren Namen in den Wind schrieb, in einen Wind, der draußen ums Haus ging und doch die Schatten im Raum zu bewegen schien, ein Wind, den sie mit ihrem Geklimper aussäte und der draußen zum Sturm anschwoll, der anwuchs und über ihnen alles aufriss, als säßen sie unter freiem Himmel, und ihre Unruhe nahm zu, weil sie seinen vorwurfsvollen Blick spürte, mit geschlossenen Augen sah er sie vorwurfsvoll an, als sei sie für jede einzelne Windstärke verantwortlich, er stand noch einmal auf, um die Haustür zu prüfen, rüttelte an der Klinke, die nicht nachgab, die erwartungsgemäß nicht nachgab, weil sie, Mathilda, ordentlich abgeschlossen hatte, er drehte den Schlüssel und öffnete die Tür, um sie gleich wieder zu schließen, aber der Wind riss sie ihm aus der Hand, er musste Kraft aufwenden, um sie zu sich zurückzuziehen, es gelang ihm zwar, spiel weiter, sagte er über die Schulter, spiel einfach weiter, sie hämmerte den Walkürenritt in Endlosschleife in die Tasten, etwas lauter als zu Beginn, aber den Wind übertönte sie nicht.

Dann ließ sie die Arme sinken, setzte sich neben ihn auf die

Liege, sie rückte nah an ihn heran, nahm seine Hand, lauschte dem Sturm.

Sie konnte hören, wie der Wind alles berührte. Er fuhr über die Gebäude hinweg, er schabte über die Straße, hob loses Papier und Plastiktüten vom Boden, verwarf alle Dinge, die sich seinem Gesang entgegenstellten. Er drang in ihr Wohnzimmer ein, sie hatte nicht gewusst, dass es in ihrem Haus diese Ritzen gab, durch die er nun pfiff, sie spürte den Hauch im Gesicht, ein kühler Luftzug, den sie mit geblähten Nasenflügeln einsog.

Sie genoss diesen Luftzug im Innern des verrammelten Hauses, sie hätte am liebsten die Fenster aufgerissen und alles durchwehen lassen, sich selbst diesem Wind anheimgegeben, aber sie drückte diesen Gedanken weg, noch bevor er sich deutlich formiert hatte, er schien ihr anrüchig, eine erotische Phantasie, sagte die Stimme ihrer Mutter, und sie sah doch, dass ihr Mann davon nichts halten würde.

Mäßige Brise: Zweige bewegen sich, Staub und loses Papier wird vom Boden gehoben. Frische Brise: größere Zweige und kleine Äste bewegen sich, kleine Laubbäume beginnen zu schwanken, Wind deutlich hörbar. Starker Wind, steifer Wind, stürmischer Wind. Große Bäume bewegen sich, Zweige brechen ab. Sie waren mindestens noch eine Stufe weiter, draußen tobte ein veritabler Sturm, wenn nicht ein Orkan.

Ihr Mann saß still neben ihr, er war angespannt, geduckt, aber immer wieder richtete er sich auf, fiel ihm etwas ein. Hatten sie die Garage ordentlich zugemacht? Das Fenster im Bad? Würde der Blitzableiter funktionieren, wenn nur ein paar Meter weiter hohe Bäume ihr niedriges Haus überragten? Konnte der pochende Regen verhindern, dass alles in Flammen aufging?

Sie streichelte seine Hand, sie war nicht imstande, etwas Beschwichtigendes zu sagen, denn insgeheim wollte sie nicht, dass sich das Wetter beruhigte. Sie waren in Sicherheit, die

Naturgewalt konnte ihnen nichts anhaben, und gerne hätte sie sich wenigstens im Geiste aufgeschwungen, um mit dem Sturm mitzugehen, wenn es ihr schon körperlich nicht gelang. Aber ihr Mann mit seiner Besorgnis verhinderte jeden Enthusiasmus. Ja, sie hatte das Fenster im Bad eigenhändig verschlossen. Ja, den Fenstergriff so weit nach unten gehebelt, wie es nur ging. Sie riss sich zusammen und gab ihm auf jede Frage eine Antwort.

Der Pfingstgeist, ein Wesen mit Vogelklauen. In der Trinitätslehre trat der Heilige Geist neben Vater und Sohn in Gestalt einer Taube auf. Und auch wenn es im Filioque-Streit, der die Spaltung der Kirchen in Ost und West zementiert hatte, um die Frage ging, wer den Geist ausatmete, ob der Vater allein dazu berechtigt war oder ob auch der Sohn daran Anteil hatte, man sich Vater und Sohn also wie die pausbäckigen Winde in den Ecken alter Landkarten vorstellen musste, die bliesen und bliesen, wobei die Ostkirche eher eine Gleichberechtigung der göttlichen Personen in Form eines Dreiecks, die Westkirche eine hierarchisch absteigende Linie mit Gottvater zuoberst propagierte, indes der Sohn die etwas unklare Position innehatte, mit Gottvater identisch und dennoch von ihm unterschieden zu sein, während der Geist jedenfalls etwas Drittes blieb, was von den beiden anderen seinen Ausgang nahm, wenn also auch diese Problematik niemals dazu geführt hatte, das Konzept der Dreieinigkeit generell in Frage zu stellen, da eine Anordnung und Klassifizierung geistiger Entitäten nicht mehr als eine Spielerei sein konnte und das Beharren auf einer bestimmten Form des Unsichtbaren ein Widerspruch in sich blieb, verdeckte die ganze Debatte letztlich die doch naheliegendere Frage nach der Stellung der Frau in einer Konstellation von Vater und Sohn sowie einer weiteren, etwas unscharf imaginierten Person, also einer Konstellation, die grundsätzlich familiär gedacht war und bei der der Ausschluss des Weiblichen so auffällig blieb, dass offenbar ein tausendjähriger Kirchenstreit erforderlich war, um darüber hinwegzuhypostasieren.

Vater, Sohn und Taube: Der Vogel stand hier so offensiv am Platz des Weiblichen, dass man an dieser Stelle an ein typisches frauenfeindliches Abwehrmanöver denken mochte. Aber damit machte man es sich zu leicht. Wenn es sich auch scheinbar aufdrängte, die Ersetzung einer Muttergestalt durch eine Taube als himmelschreiende Abwertung zu verstehen, vertrat die Taube, sobald man sich den symbolischen Kontext genauer betrachtete, die geflügelten Frauen älterer Kulturen, Frauen, die die Geisteskraft symbolisierten, die Weisheit, die Inspiration, Frauen, die von der göttlichen in die menschliche Sphäre zu wechseln vermochten. Die harmlos wirkende Taube verdeckte nur mühsam, wenn sie nicht vielmehr darauf hindeutete, dass es sich bei der Vergegenständlichung der Idee des Heiligen Geistes um eine weibliche Figur mit Vogelattributen handelte, um eine Windgottheit wie die Harpyien, die die Namen der Sturmwinde trugen, um eine Wettergottheit wie die Erinnyen, die in der dunklen Wolke einherschritten, aus deren flammenden Augen der Blitz fuhr.

Dichte Bewölkung. Dahinfließende Deckfedern, strömende Schwungfedern, wehende Daunen. Der ganze Himmel ein weiches Gefieder. Taubengrau, telegrau.

Mathilda hielt den Telefonhörer ans Ohr und wartete, dass Olivia abnahm. Telegrau, eine feine Nuance zwischen Licht- und Achatgrau, mit Spurenelementen von Magenta. Sie hatten ihren Gartentisch mit telegrauer Wetterschutzfarbe gestrichen, es war der Ton von dünnen Schichtwolken, sie mochte es, wenn ihr Tisch an Tagen wie diesem in das Firmament überging.

Ihre Moulagen, sagte Olivia schmatzend, habe sie von einem befreundeten Pathologieprofessor erhalten, die dieser beim Umzug des Instituts im Keller gefunden hatte. Einzelne verstaubte Stücke, für die Lehre nicht mehr zu gebrauchen, eine Hepatitisleber, eine einzelne männliche Brust mit vergrößerten Drüsen, die wie eine ausgestopfte Socke geformt war und unschön herabhing, eine Niere ohne erkennbaren Krankheitswert, ein Embryo in der Gebärmutter und ein Ohr im Querschnitt mit Hörschnecke und Trommelfell. Olivia aß Weintrauben, die hörbar in ihrem Mund zerplatzten. Sie hüte diese Organe wie ihren Augapfel, das sei Mathilda ja sicherlich klar. Moderne Wachsvotive, noch in der traditionellen Kunst der Keroplastik hergestellt, während man heutzutage für anatomische Modelle meist Gips oder Kunststoff verwende. Wichtig sei, sagte Olivia, und Mathilda hörte, wie sie sich eine weitere Traube zwischen die Lippen schob, wichtig sei, solche Stücke in der Hinterhand zu haben, nicht als medizinisches Anschauungsmaterial, sondern für persönliche Zwecke. Man wisse nie, was noch alles komme.

Mathilda fand es abstoßend, wenn Leute am Telefon etwas zu sich nahmen. Sie sah Olivia vor sich, auf ihre Wohnlandschaft gefläzt oder durch die Küche stromernd, Getränke eingießend, Pistazien schälend, Schokoladentafeln aufreißend, während sie selbst aufrecht neben dem Telefontischchen stand, an das altmodische Gerät mit der kurzen Spiralschnur gefesselt, während sie selbst weder einen Mund besaß noch einen Magen, sie war ganz Ohr.

Frauen opfern Körperteile. Sie zog das Kabel lang, beugte sich nach hinten, fingerte nach dem Kissen auf der Liege und lehnte sich damit gegen die Wand. Sie brauchte kein Kissen, um sich an die Wand zu lehnen. Es war umständlich, das Kissen auf der richtigen Höhe zu positionieren, während sie mit der anderen Hand den Hörer festhielt. Trotzdem legte sie die Schläfe auf das Polster, es war ein Versuch, im Stehen zu schlafen und dennoch ausschließlich Ohr zu bleiben.

Mathilda solle, so Olivia, das Herz sehr sorgfältig aufbewahren, damit es nicht die Form verlor. Wachs, ein empfindlicher Werkstoff, möglichst keine Temperaturschwankungen, keine Erschütterungen, es könne ausblühen, reißen, brechen, bei längerer Feuchtigkeit zu schimmeln beginnen, auch ausbleichen, wenn es zu lange dem Tageslicht ausgesetzt sei. Am besten richte Mathilda sich eine spezielle Vitrine oder Kammer ein, in der die Umgebungsparameter konstant blieben. Mathilda solle es im Zweifelsfall im Schlafzimmer lagern, das sei der Raum, in dem man auch Geranien überwintern könne, kühl, aber frostfrei.

Das Kissen rutschte von der Wand, Mathilda hatte sich abrupt aufgerichtet, im Gesicht, das spürte sie, ein wächsernes Lächeln.

Sie legte den Hörer auf, nahm die Kladde vor. In effigie. Als Bild. Figuren, die nicht klar konturiert waren, die nur knapp aus dem Hintergrund hervortraten, sich ein wenig in den Raum wölbten, Birte und Olivia, sie und Olivia, Birte und sie. Sie sah sie an mit einem Augurenlächeln, sah sie an, wie man Wolken betrachtet, die sich ständig verwandeln, die in der nächsten Sekunde nicht mehr dieselben sind wie zuvor. Sie kritzelte mechanisch die Linien, Abfuhr von Energie, wie andere während des Telefonierens Karos ausmalten, blöde Grimassen anfertigten, Wachsfiguren mit starrem Blick. Sie zog die Linien locker über das Blatt, seltsam verschobene Züge, Gesichter im Wind. Gewölk, weder ähnlich noch unähnlich. Gesichte. Birtes Gesicht.

Legende von Birte. Zwei Schwäne landeten nacheinander und hinterließen im Wasser eine lange Spur. Kiesgrube, spärliche

Haldenbegrünung, die Bäume schon kahl, an den Büschen noch Fetzen.

Sie hängte die Kleider über den Ast der Silberweide. Ihre Haut an den Schenkeln faltig vor Magerkeit. Diese Statur nannten alle Veranlagung, aber so war es nicht. Es handelte sich um Willenskraft. Barfuß auf alte Blätter, nassen Sand. Vorbei am dreieckigen Schild mit dem Eulenlogo. Naturschutzgebiet. Man durfte hier nicht schwimmen. Das Wasser war den Vögeln vorbehalten. Sie schwamm auch nicht. Sie härtete sich ab.

Ziegelbruch im Wasser, Bauschutt, ein altes Antennengerippe, das man vom Ufer aus nicht sah. Birte hatte es mehrmals herausgefischt, neben den Abfallkorb gelegt, aber beim nächsten Mal fand sie es wieder am alten Platz. Sie ging vorsichtig, Schritt für Schritt, tiefer, setzte den Fuß sehr langsam auf, tastete nach den Glasscherben, sanft, sanft, damit sie sich nicht schnitt. Der Gewalt des Mülls musste sie eine exorbitante Sanftheit entgegensetzen.

Das Badeverbot fand Birte lächerlich. Hier gab es nichts, was vor ihr geschützt werden musste. Keinen Schilfgürtel, keinen nennenswerten Uferbewuchs. Keine Brutgebiete, kaum Fische. Die Grube veralgte oft. Leuchtete am Saum giftgrün, cyanblau. Sie begann erst nach der Algenblüte zu baden, nach dem Austausch der warmen und kalten Schichten im Herbst, sie begann zu baden, wenn das Wasser für Algenvermehrung zu kalt war.

Sie trug eine Mütze aus reiner Schurwolle, die sie an langen Winterabenden vor dem offenen Kamin gehäkelt hatte. Sie hielt die Hände in Schulterhöhe, Schritt, Schritt, wackelnder Steiß. Über den Kopf und die Hände kühlte der Körper am schnellsten aus.

Sie fror sowieso. (Sie fror immer.) Im Wasser fror sie so sehr, dass sie die Kälte nicht mehr bemerkte. Im Wasser machte ihr die Kälte nichts aus. Sie ging vorsichtig tiefer, bis es ihr zum

Hals reichte, dann drehte sie sich um und blickte aufs Ufer, auf die Silberweiden, die Pappeln und Birken, sie hatte beobachtet, wie das Laub jede Woche gelber wurde, leuchtende Flecke vor einem grauer und grauer herabsinkenden Himmel, leuchtende Quirle auf der Oberfläche, schräge Strahlen, Laub und Licht ununterscheidbar, das war die Tagundnachtgleiche zum Herbstbeginn, später die Wintersonnenwende, ein Aufleuchten von unten, aus der Tiefe, und dann kam die Kahlheit, die Ruhe, das Wasser war schwarz.

Es war ein diesiger Tag, Schneewolken ballten sich über den Pappeln, Schneewolken, die doch nur wieder Regen bringen würden. Trotzdem, die Erwartung wuchs an. Sie stand ein paar Minuten im Wasser, spürte, wie sich die Körperwärme aus den Gliedmaßen zurückzog, wie sie sich im Rumpf um die inneren Organe sammelte, sie panzerte gegen den Temperaturabfall wie eine leuchtend gelbe Wabe, ein wächserner Bunker um Bauch und Brust, die Haut schon gefühllos, sie spürte das Wasser nicht mehr am Leib, sie löste sich auf in einem fremden Element. Das Wasser durchdrang sie.

Sie stand reglos wie ein Reiher. Atmete gleichmäßig. Versuchte an nichts zu denken, in der Gegenwart zu bleiben. Das war ihre Meditation, in die sie sich zwang. Klarheit des Geistes. Zwangsjacke Eiswasser. Mütchen kühlen, Gedanken ordnen. Hingabe, Kasteiung, mystischer Versuch. Niemals hatte etwas ihren Körper so sehr durchdrungen wie die Kälte, sie so sehr vereinnahmt. Danach hatte sie lange gesucht.

Gebauschte Wolken, geplusterte Daunen. Die Schwäne hoben den Flügel, putzten sich. So stehen, eingehüllt, geborgen, umschlossen. Verschwimmen wie ein Spiegelbild. Reglos fortziehen, wolkenhaft. Fliegen.

Als sie den Blick vom Himmel wandte, machte sich ein Typ an ihren Kleidern zu schaffen. Er zog sie vom Ast, häufte sie sich über den Arm, auch ihre Stiefeletten griff er, in die sie die dicken Socken gestopft hatte, er stellte sich provokativ vor ihr klappriges Fahrrad und grinste.

Sie hatte keine Wertsachen dabei. Den Karabiner ihres Schlüsselbundes hatte sie in das Lederband mit dem Citrinanhänger, das sie um den Hals trug, gehakt, die Faust fest darum geschlossen, sie wollte unabhängig sein, autark.

An der Weide hing nur noch ihr Handtuch. Sie steuerte das Ufer an, das Wasser bremste ihre Schritte, zog sie zurück. Ihre Füße waren taub geworden, sie hastete gefühllos über harte Zweige, spitze Steine, bis sie nach dem Handtuch griff, ihre Blöße bedeckte.

Niemand sonst war unterwegs. Kein Ausflugswetter. Das schätzte sie an dieser Bucht: allein sein zu können mit den Elementen. Dem zivilisierten Leben nicht länger verpflichtet. Sie stand neben der Silberweide, der Schlüssel klebte auf ihrer Brust, das Lederband spannte sich um ihren Nacken, auf dem Kopf die Mütze, sonst hatte sie nichts. Zwischen ihr und ihrem Fahrrad wartete der Typ in einer Zunfthose, in einem Norwegerpullover, auf den ausgebreiteten Armen trug er ihre weiße Steppjacke, die gelbe Strumpfhose, das wollweiße Winterkleid, ihr Skiunterhemd.

Er grinste frech, sie trat zögernd einen Schritt auf ihn zu. Er stellte die Schuhe neben sich ab, öffnete seine Arme noch weiter, er lächelte.

So lernte sie ihn kennen. Sie wurde gleich schwanger.

Mathilda ging in die Küche, stand unschlüssig vor dem Paket, betastete die Ecken, strich über die Adresse. Warum sollte sie es an Birte schicken. Natürlich hatte Birte auch so ein Paket erhalten. Sie nahm ein Obstmesser aus der Schublade, schnitt das Klebeband wieder auf, schlug die Pappdeckel zurück. Das Gefäß mit dem Wachsobjekt im Schlafzimmer aufstellen? Als Ersatz für den abwesenden Gatten? So weit kam es noch! Was dachte Olivia sich, was dachte sie über sie? Als könne sie nicht ein paar Tage allein verbringen. Olivia schloss von sich auf andere, aber Olivias Situation war mit der ihren gar nicht vergleichbar. Olivias Alleinsein kein vorübergehender Zustand, sondern ein definitiver, grundsätzlicher. Darüber konnten auch die Söhne nicht hinwegtäuschen.

Trotzdem hob sie die Deckelvase heraus und trug sie probehalber die Treppe zum Schlafzimmer hoch. Eine weiche, fliedergraue Glasur, nur auf der Stellfläche, der Unterseite spröder brauner Ton. Sie platzierte die Keramik neben seinem Nachttisch. Schlagartig wurde der Raum feuchter, düster, verwandelte sich in eine Familiengruft. Sie schüttelte den Kopf, nahm das Gefäß wieder weg, besser draußen im Garten, vielleicht neben dem mickrigen Ginkgo. Eine Urne unter einem Baum.

Was würde Birte tun? Und was für ein Organ hatte sie überhaupt bekommen?

Mathilda trug das Gefäß in jedes Zimmer, probierte den Platz neben dem Telefon, neben dem Triclinium, auf dem Klavier, sie versuchte es im Garten, mit dem Garten hätte sie sich noch so gerade arrangieren können, eine Zierkeramik auf der Terrasse oder zwischen den Stauden, aber das Objekt vertrug ja auch keinen Frost und keine Feuchtigkeit. In die Garage damit? Für die Garage war es wiederum zu schade, da konnte sie es auch gleich in den Müll geben. Sie trug es im Arm am winzigen Ginkgo vorbei, an den Schneebeerensträuchern, am Apfelbaum der Ärztevilla, dann ging sie zurück ins Haus und wickelte es wieder in die Folie, in die Holzwolle, verstaute es wieder in seinem Karton, klebte eine neue Anschrift auf. Nur Olivia selbst hatte Verwendung für dieses Objekt, und nur Olivia selbst wusste es angemessen zu schätzen. Natürlich käme dies einer Zurückweisung gleich. Mit Sicherheit wäre Olivia beleidigt. Aber was wiese sie schon zurück?

Sturmfrisur

Ihr Mann war jetzt acht Tage fort. Seine Abwesenheit öffnete etwas für sie. Ließ ihr mehr Raum. Sie hatte das Paket zur Post gebracht und stand unschlüssig unter den Wolken, die geruhsam dahintrieben, fluffig wie Zuckerwatte, zottig wie Highlandrinder, strahlend wie Eisbärpelz, duftig wie Hermelinbalge, locker wie Popcorn, zerrissen wie Kosmetiktücher, verwahrlost wie ein Gardinenrest, Wolken, die permanent die Form änderten, sich doch immer gleich blieben. Erlesenheit der Umrisse, Noblesse der Bewegung, Wolkeneleganz.

Sie stand auf dem Platz vor dem Einkaufszentrum, der sich immer mehr leerte. Sie war die letzte Kundin gewesen, bevor alles schloss.

Sie stand unter den neu gepflanzten Ahornbäumen, auf Baumscheiben, die nach Hundeurin rochen, nach Moder. Rudimente der Natur gab es überall, an jeder Stelle der Stadt war es möglich, sich ins Waldinnere zu begeben.

An den Bäumchen, aufrecht in ihren dreipfähligen Stützen, mit Sisal festgebunden, lappten ein paar rote Blätter. Auf dem Pflaster des Platzes lagen sie, einzelne blutrote Pfützen.

Dem Wind folgen, Einsamkeit aufsuchen, auch im Gedränge, zwischen den Menschen. Herbstlaub betrachten. Sich selbst erkennen im Fallen der Blätter. Subtile Interessen verfolgen, unbeirrt.

Manchmal gelang es ihr, wie absichtslos auf die andere Seite zu geraten, gelang es, mit der Geduld der Felsen die Tiefe eines Platzes zu betrachten. Sie sah mit halb geschlossenen Augen über den Doppel-T-Verbundbelag hinweg, versuchte, etwas an diesem Beton zu durchdringen, was keine Materie war. Es ging nicht darum, dass unter dem Pflaster der Strand lag, natürlich bettete man die Steine in eine Schicht aus Sand oder Splitt, es ging darum, eine Ruhe wahrzunehmen, die diese Steine auf denjenigen mit dem richtigen Blick übertragen konnten. Mathilda breitete eine gleichmäßige Aufmerksamkeit über den Platz, sie selbst schien sich auszuweiten wie ein feiner Nebel. Stets hatte sie die verhangene Landschaft gesucht, weil es leichter war, sich im Dunst zu verlieren als im Sonnenschein. Es ging darum, die Konturen aufzuweichen, den Raum wahrzunehmen, der die Dinge durchdrang. Eilige Schritte näherten sich hinter ihr, betraten in ihrem Rücken ein Feld, das sie als ihr selbst zugehörig empfand. Die Schritte gingen durch sie hindurch, erst dann wurde ein Passant sichtbar, der auf die Poststelle zulief, an der Tür rüttelte, sich verärgert abwandte. Der Mann ging durch den Raum, den sie sich selbst zuschrieb, zurück.

Die zierlich-runzligen Füße. Die fein gefalteten, knochenhohlen Flügel. Die schöngeschwungenen Krallen. Die Krähe hockte auf einem Baumschutzbügel, umklammerte das Metallrohr, machte nur zwei, drei Griffe zur Seite, als sie Mathilda kommen sah. Abstand wahren, Kopf schräg legen, äugen, ein bisschen Trippeln auf der Stelle, kurz plustern, kurz putzen, schnell aufschauen. Die Krähe hatte auf dieser Stange nichts Sinnvolles zu tun, es gefiel ihr, dort zu sitzen, den Platz im Auge zu behalten, schnell zugegen zu sein, wenn jemand etwas wegwarf, das sie aufpicken konnte.

Leerer Platz. Nur ein leichter Wind wehte, wehte eine Plastiktüte über den gepflasterten Boden, wehte über die winzigen Neubäume, wehte unstete Wolken über alles hinweg. Mathilda inmitten dieser Leere, in einer verwehenden Gegend.

Ihr schien, dass das Laub in Bewegung geriet. Dass der Wind zunahm, dass er anschwoll und unsichtbare Wogen über den Platz warf, ein Wind, dem sie sich instinktiv anpasste, mit dem sie mitging, auch wenn sie passiv blieb. Das spärliche Laub wehte hoch, während sie selbst auf der Stelle trat, eine Handbreit vom Boden abgehoben. Der Wind wehte stärker. Meere aus Wind. Auch ihr eigener Körper in seiner neuen Leichtigkeit vermischte sich schon mit dem düsteren Wehen, einem Wehen, das alle konkreten Dinge hinwegriss und nur ihre Schatten hinterließ. Sie war nur mehr ein Schatten ihrer selbst, ein einfacher Schatten ohne Gegenstand, der ihn warf.

Sie ging immer schneller durch einen heillosen Wind.

Ich ging immer schneller durch einen heillosen Wind.

Sie bewegte sich mit vollendeter Eleganz durch einen dämonischen Raum, der Wind blies sie weiter. Blies. Blieb. Leerer Raum. Wind, der durch sie hindurchwehte. Und sie eine enorme Höhle, deren Wände fehlten. Ein Wind, der mitten in ihr das Laub von einer Seite auf die andere rückte. Ein Wind, der in diesem Jahr Frauennamen trug.

Wehende Winde. Treibende Wolken. Ziehende Vögel. Unter den Stratusschichten flog ein Kranichpaar, sie erkannte die auffälligen Schwungfedern, die sich apart spreizten, sie erkannte den trompetenhaften Ruf.

Die Schönheit rasender dunkler Bewölkung. Die Qualität der Herbstluft. Weich, aber klar. Das Aufatmen. Die betörende Handlungslosigkeit in den Vorgängen der Natur.

Sie horchte auf den Wind, auf die Wolken.

Der Chor.

Wellenbrecher, Kältequellen. Frauen mit Vogelfüßen
hockten auf einsamen Felsen, es waren Felsen,
die auf einer sanft geschwungenen Linie,
einem Mäanderband standen.
Ruhe sanft, Vogelfelsen! In der Wiege der Wellen,
im grauen Verhältnis von Wetter und Welt.
Dem Sog aus der Tiefe lauschen.
Die Brust in den Sturmwind halten.
Die bloße Brust darbieten, das Haar.
Wer wollte, konnte sie sehen.
Man konnte sie sehen, von weitem.
Frauen mit Vogelfüßen
saßen auf einem landschaftlich kryptischen Ast.
Vogelgestalten, die mit ihren scharfen Schnäbeln
die Hüllen der Toten zerreißen, die Seelen
in ihre Fänge nehmen
und sie auf die andere Seite tragen.
Flügelgestalten, die die Verstorbenen dorthin begleiten,
wohin sie aus eigener Kraft niemals gelangten.
Jetzt geht es nicht mehr weiter wie bisher.
Jetzt können sie über die Winde verfügen, sich wild fühlen, frei.
Aus den Resten innere Organe an die Oberfläche heben.
Aus der Leber die Zukunft lesen. Auguren. Aus den Knochen
Vergangenheit ableiten. Erinnerung, Prophezeiung,
Zukunft, Vergangenheit, dazwischen nichts mehr, was bleibt.
Gegenwart zwischen feindlichen Kräften zerrieben,
Gegenwart findet jetzt anderswo statt,
auf der anderen Seite, im Wind.
Doch, sie war immer da. Es wäre ein Leichtes gewesen,
dorthin zu gelangen. Jetzt in den Fängen geflügelter Frauen,
jetzt aus den Lüften die Lebenden sehen.
Dorthin zu gelangen.
Es wäre ein Leichtes, noch immer.

Sie nahm ihr Etui aus der Handtasche, den runden Schminkspiegel, zeichnete sich mitten auf dem leeren Platz die Lippen nach. Sie zog den Mund ein, zwischen die Zähne, presste die Hautflächen aufeinander, verschmierte, konnte sie im Spiegel sehen, mit der Grimasse das Rot. Sie vervollständigte die Farbe zu einem Clownsmaul, zog das Rot weiter über die Wangen, über die Stirn, malte sich Zornesfalten, Schamesröte, aufsteigende Leidenschaften, sie zog die Augenbrauen zusammen und übergoss ihr ganzes Gesicht mit blutrotem Fettstift, eine erregte, aufgewühlte Fratze.

Sie steckte das Schminkset weg, sie ging langsam, sehr langsam, als glitte sie auf einer Schiene voran, am Einkaufszentrum vorbei nach Hause.

Eine Frau mit einem Kinderwagen kam ihr entgegen. Mathilda ging aufrecht, mit erhobenem Kopf, sie wich dem Blick der anderen nicht aus. Die Frau, ihr Mobiltelefon am Ohr, sah nur kurz zu ihr hin, lächelte erleichtert, nickte, als hätte sie sie wiedererkannt.

Mathilda ließ die Schuhsohlen flach über den Boden rutschen, sie trieb ein paar lose Blätter vor sich her, der Bürgersteig federte weich, als glitte sie wieder, wie am Tag nach Pfingsten, über die Wipfel der Straßenbäume hinweg.

Einer ihrer Schüler rannte hinter ihr her, grüßte unterwürfig und versuchte, einen freundlichen Blick von ihr zu erhaschen, von dem er lange zehren würde, wie von einem Smiley unter seinem Test. Sie winkte dem Schüler rasch zu, sie wollte so schnell wie möglich weiter, aber er gab sich alle Mühe, sie in ein Gespräch zu verwickeln. Wann sie den nächsten Test schrieben. Ob er dafür schon etwas lernen könne. Ob sie in der Nähe wohne. Er war begierig, sie ein paar Minuten für sich zu haben, er sog die Informationen auf wie ein schwärmerischer Erstklässler. Im Lehrberuf musste man wenig dafür tun, um sich bei den Kindern beliebt zu machen, die minimale

Aufmerksamkeit, mit der man sich ihnen zuwandte, reichte ihnen für Jahre, fürs Leben, sie gab sich nur Mühe, sie nicht zu enttäuschen. Der Junge drehte den Schlüssel, den er um den Hals trug, um den Finger. Mit der anderen Hand hielt er sich am Trägerende seines Rucksacks fest. Es war ein dunkelblauer Rucksack mit einem galaktischen Muster, Planeten und Sternennebel im All.

Sonst reagierte niemand auf sie, in Wirklichkeit war sie unsichtbar. Eine Gruppe Jugendlicher, an die Fahrradständer vor dem Kiosk gelehnt, starrte sie von weitem schon an, starrte durch sie hindurch, zeigte keine Reaktion. Sie zogen an ihren Verdampfern, Vanillearoma umwölkte sie, es gab keinen Grund, die Lässigkeit auch nur für eine Sekunde abzuschwächen.

Sie raschelte durch das Laub, energischer jetzt, sie wühlte dichte Schichten auf, über Nacht schienen ganze Kronen mit einem Schlag entblättert. Von der Straße hatte die Stadtreinigung es an den Rand gefegt, wo es die Parkbuchten einnahm, Platz um Platz blockierte, teilweise zu Haufen getürmt, als sei ein ganzer Pkw darunter begraben.

Sie fuhr auf die Autobahn, sie fuhr in hoher Geschwindigkeit, sie folgte dem Wind. Ein Sturmtief im Norden war angekündigt, sie wollte dorthin.

Auf freiem Feld stieg sie aus. Ging ein paar Schritte über die knackenden Stoppeln. Sie lauschte dem Flattern ihrer Jacke, dem Rascheln der Halme, dem unterschwelligen Brausen. Es näherte sich, wurde lauter, es kam.

Am Feldrand zwei Pappeln, sie wendeten ihre Blätter, beugten die Kronen. Erst jetzt hörte sie einen ohrenbetäubenden Wind, ein auftrumpfend machtvolles Wehen, Sturmesgewalt. Sie ging ein langgezogenes Brombeergebüsch entlang, es wehte stetig an diesem Gebüsch vorüber, die Brombeerzweige schwankten, ein einzelnes rotes Ahornblatt taumelte vor ihr her. Es musste sich auf dem Platz in ihrer Kleidung, ihrem Haar verfangen und sich erst hier gelöst haben. Jetzt vermehrte es sich zu einer Laubwolke, rot, rot, rot, rot, sie sah gefächerte Schirme vor sich, Baldachine, Blätterdächer, sie sah sich selbst, wie sie durch diese Blätterwolken schritt, langsam, mit Würde, der Macht des Alleinseins durch rote, blutrote Wolken, Wolken der Abgeschiedenheit, Wolken von der Farbe innerer Organe, es war ein Zustand, an den sie sich jetzt wieder erinnern konnte wie an etwas lange Verschüttetes, etwas, das plötzlich aus dem Nichtbewusstsein auftauchte, und man begriff, es war immer da.

Sie sah ihren abwesenden Mann, wie sie mit ihm Hand in Hand den herzroten Wald durchwanderte, ein tiefes, schwingendes Rot wie auf einem abstrakten Gemälde, ein Vorhang aus Blattelementen, hinter dem direkt ein zweiter kam und ein nächster und immer so weiter. Wie sie gemeinsam durch ein beständiges Fallen liefen, durch ein verlorenes, achtloses Sinken. Wie sie sich unter diesen Blättern selbst in etwas Ungreifbares, Schwebendes verwandelte, ein Luftgeschöpf unter handförmigem Laub, das ihr übers Haar glitt, versank.

Ihr wiedererinnerter, wiedergefundener Gatte, verloren und wiedergefunden, wie sie ihn an der Hand nahm und durch diesen tiefroten Wald führte, durch diese seltsam bekannte Landschaft. Zweifelsohne ein innerer Wald, aber was hieß das schon, innen, wo begann Innerlichkeit, wo wollte man solcherlei Grenzen verorten, und was befand sich denn wirklich außen?

Außen befand sich ihr Mobiltelefon, das klingelte und vibrierte.

Endlich gehst du an den Apparat, sagte ihre Mutter, was machst du denn? Du klingst außer Atem.

Ich wollte dir nur mitteilen, sagte ihre Mutter. Birte war wieder hier. Gestern Abend. Bei uns. Sie hat in deinem alten Kinderzimmer übernachtet, wie früher, auf der Matratze. War-

um bekommt sie eigentlich keinen Schlüssel zum Haus ihres
Vaters?

Innen, dachte Mathilda, das Telefon noch in der Hand. Innen
stand sie in einem unmerklichen Sturm. Spürte die Füße zu
Fängen verwandelt. Krallen, die sich in den Boden bohrten.
Schwarz ausgebreitete Schwingen. Im Rücken, wessen. Sie
war sich selbst unheimlich. Sie war leicht wie ein Blatt.

Kommt sie heute Abend auch, hatte Mathilda gefragt, ohne die
Stimme zu heben. Es war keine Frage, es war eine Feststellung.
Birte würde künftig jeden Abend kommen.

Mathilda auf freiem Feld, in einem vagen äußeren Wind, der
nach und nach anschwoll, äußerster Traum. Sie bewegte sich
in einer dunklen Wolke. Schritt in der dunklen Wolke dahin.
Sturmtief Mathilda.

Sie sah Birte über die bekannten Bürgersteigplatten gehen.
Moos zwischen den Ritzen, manche mit Flechten, einzelne an-
gehoben von Wurzeln der Bäume.
   Für Birtes Probleme gab es keine vernünftige Lösung. Birtes Probleme rührten vom allgemeinen menschlichen Elend
her, die Wahrheit blieb, dass Birte hier auf Erden nicht zu helfen war. Und ob ausgerechnet ihre, Mathildas, Mutter diejenige
sein könnte, Birte Abend für Abend darüber hinwegzutrösten?
Worüber unterhielten sie sich in diesen Stunden überhaupt?
Welches gemeinsame Thema hatten sie denn schon, wenn sie
nicht ausschließlich über sie, Mathilda, sprachen?

Sie sah die Mitglieder der AG Kammerorchester, wie sie in ihren langen Künstlergewändern versuchten, den Furiant von
Dvořák zu spielen, wie sie die langen Ponyfransen mit einer

geübten Kopfbewegung nach hinten warfen, bevor sie die Violine ansetzten, das Kinn auf den Halter betteten, sie taten alles, um eine Empfindsamkeit auszudrücken, die sonst keinen Ort hatte, sonst quasi nicht existierte. Sie sah ja, wie sie sich aus ihrem Alltag herauskatapultieren wollten, aus ihren spannungsreichen Familiensituationen, ihrem Liebeskummer, ihrem Leistungsdruck, sie wollten wenigstens einmal in der Woche ihre geheime Leidenschaftlichkeit genießen, eine vorbildliche Sensibilität beweisen, eine Bereitschaft, sich ergreifen zu lassen, wobei sie annahmen, dass Mathilda genau dies von ihnen erwartete.

Sie sah Olivia, wie sie mit ihren beiden Söhnen am Tisch saß und mit ihnen Kerzen verzierte. Bastelnachmittag für halbwüchsige Jungs: Sie schnitten aus Wachsblättern Herzen, Sterne und Girlanden aus und pappten sie auf dicke Stearinzylinder. Sie ließen Wachs von roten Kerzen auf den weißen Rohling tropfen, sie schnitzten und schabten und füllten die Hohlräume mit Intarsien aus. Olivia rückte ihnen zufrieden die Scheren, die Wachsplatten, die Streichhölzer zurecht. Die Aussicht, solch ein selbstangefertigtes, also originelles und persönliches Gebilde gegebenenfalls einem Mädchen aus der Klasse zum Geburtstag zu schenken, hatte zu ihrer eigenen Überraschung den Eifer der Söhne befeuert.

Sie sah ihre Mutter, die einer Motte durchs Wohnzimmer folgte. Die Motte flatterte um die geschliffenen Glasanhänger der Lampe, sie war hier schwer zu erwischen.

Lass doch, sagte ihr Vater vom Sessel her, aber Roswitha ging in die Küche und kam mit einem Lappen zurück. Sie fing die Motte an der Balkontür, sie presste den Lappen darauf und zerdrückte das Tier an der Scheibe.

Draußen gingen die Laternen an. Die Birke vor dem Haus stand in grünliches Licht getaucht, die Teppichstange hob sich ab als dunkles Relikt eines vergangenen Jahrhunderts.

Sie saßen im Wohnzimmer und rührten Zucker in den Tee. Sie sahen die Birkenzweige schwingen, es war ganz still.

Als ginge ein Engel durchs Zimmer, sagte ihr Vater schließlich und räusperte sich unbehaglich.

Ein Engel, sagte Roswitha zögernd. Ich weiß nicht.

Wen siehst du, fragte ihr Vater ungeduldig.

Ihre Mutter blickte auf die spiegelnde Glasscheibe oder nach draußen auf die Birke, sie sah in die Weite des Raums, die sie irgendwo in dem engen Wohnzimmer vorfand, sie sah etwas an oder jemanden und nickte dabei.

Wen siehst du, fragte der Vater nervös.

Ich weiß nicht, sagte die Mutter. Niemanden, den wir kennen.

Sie saßen im Wohnzimmer, rührten Zucker in den Tee, ihr Vater rekapitulierte leise murmelnd die Namen der Bergwerke, an deren Verschwinden er beteiligt gewesen war.

Lauseplatte. Fettlappen. Niegedacht. Vereinigte Pfingstblume. Schattbach. Thusnelde. Wippsterz. Knappeule. Ruhfuß. Schmierfuß. Leibzucht. Mitgottgewagt. Schwarzer Rabe. Unterste Kuh. Prinz Kater. Die Kanzel. Tonne. Elend. Trotz. Faulevott. Flor & Flörchen. Jacke. Mühle. Braut. Wasserjungfer. Zwergmutter. Neue Mißgunst. Abgunst. Blumendelle. Schöndelle. Kahrer Wiedertöpfe. Schnabel ins Osten und Schnabel ins Westen. Wolfsbank. Schinkenbank. Gottvertraut. Verlorener Sohn. Unvermuthetglück. Schwarze Inge. Himmelscroner Erbstollen. Wohlverwahrt. Nachtigall. Adler. Sperling. Ringel- und Turteltaube. Kirschbaumisches Kunstkohlenbergwerk.

Er sah aus dem Fenster auf die Birkenzweige, wie er es an jedem Abend tat, wenn er sein Gedächtnis trainierte. Es blieb diesmal bei einem Durchlauf, dann war es ganz still.

Roswitha nahm sich die Zeitung und einen Kugelschreiber, sie begann, die winzigen Lettern mechanisch zu überschreiben, aus jedem Buchstaben eine Zahl zu machen.

Wir hätten Birte nicht hereinlassen sollen, sagte der Vater kopfschüttelnd. Das hat alles wieder aufgerührt.

Draußen war es windig, die Birkenzweige hoben sich, an der Teppichstange auf dem Rasen schnüffelte der Pekinese. Das Mädchen mit dem Irokesenschnitt zog sich vor der Brust die Jacke zusammen und wollte den Hund weiterzerren, aber der Hund stemmte sich gegen den Zug der Leine, wie er sich tapfer gegen den Wind stemmte, eine Kühlerfigur mit sturmgekämmter Mähne, die flache Schnauze voraus. Dann drehte er sich um, saß in der Wiese und drückte die Vorderbeine durch, sein langes Fell wehte ihm von hinten ins Gesicht, am Rücken stand es gegen den Strich. Die blaue Frisur des Mädchens beugte sich nicht, sie behielt die Form eines Hahnenkamms, während das Hündchen immer löwenähnlicher wurde, die Mähne gebauscht, die kleine Pranke auf seinem bunten Gummiball, ein chinesischer Wächterlöwe an der Pforte zum Unbekannten, ein Hüter geheimer Kräfte des Universums.

Dann wurde er gegen seinen Willen dem Erdboden entrückt, das Mädchen packte ihn unter dem Bauch und hob ihn hoch, schleppte ihn von der Teppichstange fort, ließ ihn an der Birke unsanft wieder fallen, aus einer unhöflichen Höhe, so dass er Mühe hatte, den Plumps in einen kühnen Sprung zu verwandeln, nicht hektisch zu hoppeln, um eine übergroße Wucht des Aufpralls abzufangen, sondern elegant die Pfoten auf dem

Grund aufzusetzen, mit seinen kurzen Beinen über das Gras zu gleiten, als wäre das alles aus freien Stücken geschehen, als pflege er an dieser Stelle stets aus den Lüften anzulanden, aber das Mädchen nutzte es schamlos aus, dass er genötigt war, ein paar Schritte zu rennen, sie verstärkte den Zug der Leine und trabte mit ihm außer Sicht.

Inhalt